MÉMOIRES

ET

ANECDOTES.

MÉMOIRES
ET
ANECDOTES,
POUR SERVIR A L'HISTOIRE
DE M. DE VOLTAIRE,

Avec le Recueil de ses Poésies qui n'ont pas encore paru dans la collection de ses Œuvres.

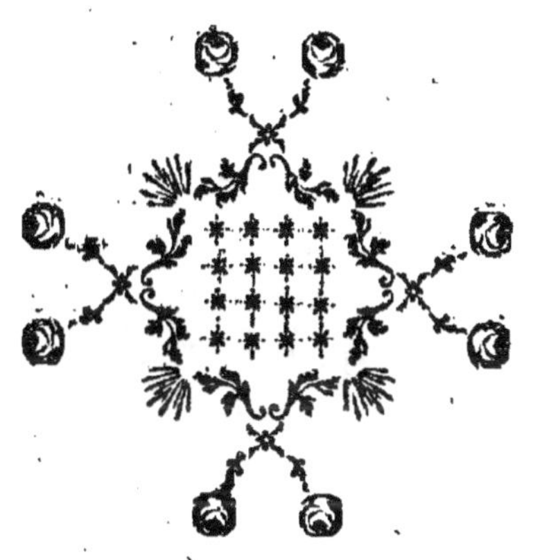

A AMSTERDAM,
AUX DÉPENS DE LA COMPAGNIE.

M. DCC. LXXIX.

MÉMOIRES
ET
ANECDOTES,
POUR SERVIR A L'HISTOIRE DE M. DE VOLTAIRE.

Les uns font naître François de Voltaire, le 20 Février 1694; les autres, le 20 Novembre de la même année. Nous avons des médailles de lui, qui portent ces deux dates. Il a dit plusieurs fois qu'à sa naissance on désespéra de sa vie, & qu'ayant été ondoyé, la cérémonie de son baptême fut différée plusieurs mois.

Quoique rien ne soit plus insipide que les détails de l'enfance & du College, cependant l'on doit dire, d'après ses propres écrits, & d'après la voix publique, qu'à l'âge d'environ douze ans, ayant fait des vers qui paroissoient au-dessus de cet âge, l'Abbé de Château-Neuf, intime ami de la célébre Ninon de l'Enclos, le mena chez elle, & que cette fille si singuliere, lui légua, par son testament, une somme de deux mille francs pour acheter des livres; laquelle somme lui fut exactement payée; cette petite piece de vers qu'il avoit faite au College est probablement celle qu'il composa pour un Invalide qui avoit servi dans le Régiment Dauphin, sous Monseigneur, fils unique de Louis XIV. Ce vieux Soldat étoit allé au College des Jésuites, prier un Régent de vouloir bien lui faire un placet en vers pour Monseigneur; le Régent lui dit qu'il étoit alors trop occupé; mais qu'il y avoit un jeune Écolier qui pouvoit faire ce qu'il demandoit. Voici les vers que cet enfant composa.

» Digne fils du plus grand des Rois,
» Son amour & notre espérance,
» Vous qui, sans régner sur la France,
» Régnez sur le cœur des Français,
» Souffrez-vous que ma vieille veine,
» Par un effort ambitieux,
» Ose vous donner une étrenne,
» Vous qui n'en recevez que de la main des Dieux?
» On a dit qu'à votre naissance,
» Mars vous donna la vaillance,
» Minerve, la Sagesse, Apollon, la beauté;
» Mais un Dieu bienfaisant, que j'implore en mes peines,
» Voulut aussi me donner mes étrennes,
» En vous donnant la libéralité.

Cette bagatelle d'un jeune Écolier valut quelques Louis d'or à l'Invalide, & fit quelques bruit à Versailles & à Paris. Il est à croire que dès-lors le jeune homme fut déterminé à suivre son penchant pour la Poésie.

Tout jeune qu'il étoit, il fut admis dans la société de l'Abbé de Chaulieu, du Marquis de la Fare, du Duc de Sully, de l'Abbé Courtin, & il a dit plusieurs fois que son pere l'avoit cru perdu, parce qu'il voyoit bonne compagnie, & qu'il faisoit des vers.

Il avoit commencé dès l'âge de dix-huit ans la *Tragédie d'Œdipe*, dans laquelle il voulut mettre des chœurs à la maniere des anciens. Les Comédiens eurent beaucoup de répugnance à jouer une Tragédie traitée par Corneille, & en possession du Théâtre, ils ne la représenterent qu'en 1718, & encore fallut-il de la protection. Le jeune homme qui étoit fort dissipé & plongé dans les plaisirs de son âge, ne sentoit point le péril & ne s'embarrassa point que sa piece réussît ou non : il badinoit sur le Théâtre, & s'avisa de porter la queue du Grand-Prêtre dans une scene où ce même Grand-Prêtre faisoit un effet très-tragique ; Madame la Maréchale de Villars, qui étoit dans la premiere loge, demanda quel étoit ce jeune homme qui faisoit cette plaisanterie, apparemment pour faire tomber cette piece ; on lui dit que c'étoit l'Auteur. Elle le fit venir dans sa loge ; & depuis ce tems, il fut attaché à Monsieur le Maréchal & à Madame, jusqu'à la fin de leur vie, comme on peut le voir par cette Épître imprimée.

„ Je me flattois de l'espérance
„ D'aller goûter quelque repos
„ Dans votre maison de plaisance ;
„ Mais Vinache a ma confiance,
„ Et j'ai donné la préférence
„ Sur le plus grands des héros,
„ Au plus grand charlatan de France.

Monseigneur le Prince de Conti, pere de celui qui a été si célébre par les journées de la barricade de Démont & de Château-Dauphin, fit pour lui des vers : voici les derniers.

„ Ayant puisé ces vers aux eaux de l'Aganippe,
„ Pour son premier projet il fait le choix d'Œdipe,
„ Et quoique dès long-temps ce sujet fût connu,
„ Par un style plus beau cette piéce changée ;
„ Fit croire des enfers Racine revenu,
„ Ou que Corneille avoit la sienne corrigée.

On n'a pu retrouver la réponse de l'Auteur d'Œdipe ; on rapporte seulement qu'un jour il dit au Prince, en plaisantant ; Monseigneur, vous serez un grand Poëte, il faut que je vous fasse donner une pension par le Roi. On prétend aussi qu'à souper il lui dit : sommes-nous tous Princes ou tous Poëtes ?

Il commença la Henriade à Saint-Ange, chez M. de Caumartin, Intendant des Finances, après avoit fait Œdipe, & avant que cette piéce fût jouée, on lui a entendu dire, plus d'une fois, que quand il entreprit ces deux ouvrages, il ne comptoit pas pouvoir les finir, & qu'il ne savoit ni les régles de la Tragédie, ni celles du poëme épique; mais qu'il fut saisi de tout ce que M. de Caumartin, très-savant dans l'histoire, lui contoit de Henri IV; dont ce respectable Vieillard étoit idolâtre, & qu'il commença cet ouvrage par pur enthousiasme, sans presque y faire réflexion. Il lut un jour plusieurs chants de ce poëme, chez le jeune Président des Maisons, son intime ami. On l'impatienta par des objections; il jetta son manuscrit dans le feu. Le Président Hénaut l'en retira avec peine.

„ Souvenez vous (lui dit M. Hénaut dans une „ de ses lettres) que c'est moi qui ai sauvé la „ Henriade; & qu'il m'en a coûté une belle „ paire de manchettes.

Il donna la Tragédie de *Mariamne* en 1722. Mariamne étoit empoisonnée par Hérode; lorsqu'elle but la coupe, la cabale cria: La Reine boit, & la pièce tomba. Ces mortifications continuelles le déterminerent à faire imprimer en Angleterre la Henriade.

Le Roi Georges I. & sur-tout la Princesse de Galles, qui depuis fut Reine, lui firent une souscription immense. Ce fut le commencement de sa fortune; car étant revenu en France en 1728, il mit son argent à une lotterie établie par M. Desforts, Contrôleur-Général des finances. On recevoit des rentes sur l'Hôtel-de-ville pour billets, & on payoit les lots argent comptant; de sorte qu'une Société qui auroit pris tous les billets auroit gagné un million. Il s'associa avec une Compagnie nombreuse, & fut heureux. C'est un des associés qui m'a certifié cette anecdote, dont j'ai vu la preuve sur ses registres. M. de Voltaire lui écrivoit; pour faire sa fortune dans ce pays-ci, il n'y a qu'à lire les arrêts du Conseil.

Il donna en 1730 son *Brutus*, que bien des gens regardent comme la Tragédie la plus fortement écrite, sans même en excepter Mahomet; elle fut très-critiquée. Sa *Zaïre*, jouée en 1731, quoiqu'on y pleurât beaucoup, fut sur le point d'être sifflée. On la parodia à la Comédie Italienne, à la foire; on l'appella la pièce des enfans trouvés, Arlequin au Parnasse.

Un Académicien l'ayant proposé en ce temslà, pour remplir une place vacante, à laquelle notre Auteur ne songeoit point. M. de Boze déclara que l'Auteur de Brutus & de Zaïre ne pouvoit jamais devenir un Sujet académique.

Il donna la Comédie de l'*Enfant Prodigue*, le 10 Octobre, mais il ne la donna point sous son nom, & il en laissa le profit à deux jeunes Eleves qu'il avoit formés, MM. Linaut & Lamarre, qui vinrent à Cirey, où il étoit avec Madame du Châtelet; il donna Linaut pour Précepteur au fils de Madame du Châtelet, qui a été depuis Lieutenant-Général des armées, & Ambassadeur à Vienne & à Londres. La Comédie de l'Enfant Prodigue eut un grand succès. L'Auteur écrivit à Mademoiselle Quinault: „ Vous „ savez garder les secrets d'autrui comme les vô„ tres. Si l'on m'avoit reconnu, la pièce auroit „ été sifflée; les hommes n'aiment pas que l'on „ réussisse en deux genres; je me suis fait assez „ d'ennemis par Œdipe & la Henriade ".

Cependant il embrassoit dans ce tems-là même un genre d'étude tout différent ; il composoit les *Elémens de la philosophie de Newton* ; philosophie qu'alors on ne connoissoit presque point en France. Il ne put obtenir un privilege du Chancelier d'Aguesseau, Magistrat d'une science universelle ; mais qui, ayant été élevé dans le systême cartésien, écartoit les nouvelles découvertes autant qu'il pouvoit. L'attachement de notre Auteur pour les principes de Newton & de Locke, lui attira une foule de nouveaux ennemis. Il écrivoit à M. Fakener, le même auquel il avoit dédié Zaïre. „ On croit que les François „ aiment la nouveauté ; mais c'est en fait de „ cuisine & de modes ; car pour les vérités nou„ velles, elles sont toujours proscrites parmi-nous ; „ ce n'est que quand elles sont vieilles qu'elles „ sont bien reçues “.

Rousseau ayant montré à son entagoniste une ode à la postérité, celui-ci lui dit : Mon ami, voilà une lettre qui ne sera jamais reçue à son adresse. Cette raillerie ne fut jamais pardonnée : il y a une lettre de M. de Voltaire à M. Linaut, dans laquelle il dit : „ Rousseau me mé„ prise, parce que je néglige quelquefois la „ rime ; & moi, je le méprise parce qu'il ne „ sait que rimer “.

Les extrêmes bontés avec lesquelles le Roi de Prusse l'avoit prévenu, lui firent bien oublier la haine de Rousseau. Ce Monarque étoit Poëte aussi ; mais il avoit tous les talens de sa place, & ceux qui n'en étoient pas. Une correspondance suivie étoit établie depuis long-temps entre lui & notre Auteur, lorsqu'il étoit Prince Royal héréditaire,

Ce Prince venoit, à son avénement à la Couronne, de visiter toutes les frontieres de ses Etats. Son desir de voir les troupes Françoises, & d'aller *incognito* à Strasbourg & à Paris, lui fit entreprendre le voyage de Strasbourg, sous le nom du Comte du Four; mais ayant été reconnu par un Soldat, qui avoit servi dans les armées de son pere, il retourna à Cleves.

Plusieurs curieux ont conservé dans leur portefeuille une lettre en prose & en vers dans le goût de Chapelle, écrite par ce Prince sur ce voyage de Strasbourg. L'étude de la langue & de la poésie Françoise, celle de la musique Italienne, de la philosophie & de l'histoire, avoient fait sa consolation dans les chagrins qu'il avoit essuyés pendant sa jeunesse. Cette lettre est un monument singulier, d'un homme qui a gagné depuis tant de batailles; elle est écrite avec grace & légéreté. En voici quelques morceaux.

„ Je viens de faire un voyage entremêlé d'a„ ventures singulieres, quelquefois fâcheuses & „ souvent plaisantes. Vous savez que j'étois parti „ pour Bruxelles, afin de revoir une sœur que „ j'aime autant que je l'estime; chemin faisant, „ Algaroti & moi nous consultions la carte „ géographique pour régler notre retour par Vé„ zel. Strasbourg ne nous détournoit pas beau„ coup; nous choisîmes cette route par préfé„ rence, l'*incognito* fut résolu; enfin tout étoit ar„ rangé & concerté au mieux, nous crûmes al„ ler en trois jours à Strasbourg.

„ Mais le ciel qui de tout dispose,
„ Régla différemment la chose;

„ Avec des coursiers efflanqués,
„ En droite ligne issus de Rossinante,
„ Des paysans en couriers masqués,
„ Nos carosses cent fois dans la route accrochés,
„ Nous allions gravement d'une allure indolente.

On dit qu'il écrivoit tous les jours de ces lettres agréables au courant de la plume; mais il venoit de composer un ouvrage bien plus sérieux & plus digne d'un grand Prince : c'étoit la *Réfutation de Machiavel*; il l'avoit envoyé à M. de Voltaire pour la faire imprimer; il lui donna rendez-vous, dans un petit château, appellé Meuse, auprès de Cleves; celui-ci dit : „ Sire, „ si j'avois été Machiavel, & si j'avois eu quel„ ques accès auprès d'un jeune Roi, la premiere „ chose que j'aurois faite, auroit été de lui con„ seiller d'écrire contre moi. Depuis ce temps, les bontés du Monarque Prussien redoublerent pour l'homme de lettres, qui alla lui faire sa cour à Berlin sur la fin de 1740, avant que le Roi se préparât à entrer en Silésie.

M. de Voltaire étant à Bruxelles, fit la *Tragédie de Mahomet*; & alla bientôt après avec Madame du Châtelet, faire jouer cette pièce à Lille, où il y avoit une fort bonne troupe, dirigée par le sieur Lanoue, Auteur & Comédien; la fameuse Demoiselle Clairon y jouoit & montroit déja les plus grands talens. Madame Denis, niece de l'Auteur, femme d'un Commissaire-Ordonnateur des guerres, ancien Capitaine au Régiment de Champagne, tenoit un assez grand état à Lille, qui étoit au département de son mari.

Madame du Châtelet logea chez elle : Mahomet fut très-bien joué.

Dans un entre-acte, on apporta à l'Auteur une lettre du Roi de Prusse, qui lui apprenoit la victoire de Molwitz ; il la lut à l'assemblée ; on battit des mains ; vous verrez, dit-il, que cette pièce de Molwitz fera réussir la mienne.

Elle fut représentée à Paris, le 19 Août de la même année ; ce fut là qu'on vit plus que jamais à quel excès se peut porter la jalousie des gens de lettres, sur-tout en fait de Théâtre.

L'Abbé des Fontaines & un nommé Bonneval, que M. de Voltaire avoit secouru dans ses besoins, ne pouvant faire tomber la Tragédie de Mahomet, la déférerent comme une pièce contre la religion chrétienne, au Procureur général ; la chose alla si loin, que le Cardinal de Fleury conseilla à l'Auteur de la retirer. Ce conseil avoit force de loi ; mais l'Auteur la fit imprimer, & la dédia au Pape Benoît XIV Lambertini, qui avoit déja beaucoup de bontés pour lui ; il avoit été recommandé à ce Pape par le Cardinal Passionei, homme de lettres célebre, avec lequel il étoit depuis long-temps en correspondance. Nous avons quelques lettres de ce Pape à M. de Voltaire. Sa Sainteté voulut l'attirer à Rome, & il ne s'est jamais consolé de n'avoir point vu cette Ville, qu'il appelloit la Capitale de l'Europe.

La pièce est restée en possession du Théâtre, dans le temps même où ce spectacle a été le plus négligé. Il avouoit qu'il se repentoit d'avoir fait Mahomet beaucoup plus méchant que ce grand homme ne le fut. Mais si je n'en avois fait qu'un Héros politique, écrit-il à un de ses amis, la pièce étoit sifflée. Il faut dans une Tragédie de grandes passions & de grands crimes. Au reste, dit-il, quelques lignes après, le *Genus implacabile Vatum*, me persécute plus que l'on ne persécuta Mahomet à la Mecque. On parle de la jalousie & des manœuvres qui troublent les cours; il y en a plus chez les gens de lettres.

Après toutes ces tracasseries, MM. de Réaumur & de Mairan lui conseillerent de renoncer à la poésie, qui n'attiroit que de l'envie & des chagrins, de se donner tout entier à la physique, & de demander une place à l'Académie des Sciences, comme il en avoit une à la Société Royale de Londres & l'Institut de Boulogne. Mais M. de Fourmont son ami, homme de lettres infiniment aimable, lui ayant écrit une lettre en vers pour l'exhorter à ne pas enfouir son talent; voici ce qu'il lui répondit.

„ A mon très-cher ami Fourmont,
„ Demeurant sur le double Mont,
„ Au-dessus de Vincent-Voiture,
„ Vers la taverne où Bachaumont
„ Buvoit & chantoit sans mesure,
„ Où le plaisir & la raison
„ Ramenoient le temps d'Epicure.

„ Vous voulez donc que des filets
„ De l'abstraite philosophie,
„ Je revole au brillant palais
„ De l'agréable poésie,

„ Au pays où regnent Thalie,
„ Et le cothurne & les sifflets.
„ Mon ami je vous remercie
„ D'un Conseil si doux & si sain.
„ Vous le voulez, je céde enfin
„ A ce conseil, à mon destin.
„ Je vais de folie en folie,
„ Ainsi qu'on voit une Catin,
„ Passer du guerrier au robin,
„ . . . .
„ Au Courtisan, au Citadin.

„ Ou bien, si vous voulez encore,
„ Ainsi qu'une abeille au matin,
„ Va sucer les pleurs de l'aurore,
„ Ou sur l'absynthe, ou sur le thim,
„ Toujours travaille & toujours cause,
„ Et vous paîtrit son miel divin
„ Des gratte-cus & de la rose.

Et aussi-tôt il travailla à sa *Mérope*; la Tragédie de Mérope, premiere piéce profane qui réussit sans le secours d'une passion amoureuse, & qui fit à notre Auteur plus d'honneur qu'il n'en espéroit, fut représentée le 26 Février 1743.

Je ne puis mieux faire connoître ce qui se passa de singulier sur cette Tragédie, qu'en rapportant la lettre qu'il écrivit le 4 Avril suivant, à son ami M. Daiguebere, qui étoit à Toulouse.

„ La

„ La Mérope n'est pas encore imprimée, je
„ doute qu'elle réussisse à la lecture autant qu'à
„ la représentation. Ce n'est point moi qui ai
„ fait la pièce, c'est Mademoiselle Dumesnil.
„ Que dites-vous d'une Actrice qui fait pleurer
„ pendant trois actes de suite ? Le public a pris
„ un peu le change ; il a mis sur mon compte
„ une partie du plaisir extrême que lui ont fait les
„ Acteurs. La séduction a été au point que le
„ parterre a demandé à grands cris à me voir.
„ On m'est venu prendre dans une cache où je
„ m'étois tapi ; on m'a mené de force dans la
„ loge de Madame la Maréchale de Villars, où
„ étoit sa belle fille ; le parterre étoit fou ; il a
„ crié à la Duchesse de Villars de me baiser ;
„ & il a tant fait de bruit, qu'elle a été obligée
„ d'en passer par-là, par l'ordre de sa belle-mère.
„ J'ai été baisé publiquement, comme Alain
„ Chartier par la Princesse Marguerite d'Écosse ;
„ mais il dormoit, & j'étois fort éveillé. «

Je n'aurai rien à dire de l'année 1744, sinon que mon Auteur fut admis dans presque toutes les Académies de l'Europe ; & ce qui est singulier, dans celle de la Crusca. Il avoit fait une étude sérieuse de la langue Italienne ; témoin une lettre de l'éloquent Cardinal Passionei, qui commence par ces mots :

„ J'ai lu & relu toujours avec un nouveau
„ plaisir, votre lettre Italienne, belle & savante ;
„ il est difficile de concevoir comment un hom-
„ me, qui posséde à fond d'autres langues, a
„ pu atteindre à la perfection de celle-ci «.

Ce Cardinal écrivoit en François presqu'aussi bien qu'en Italien, & pensoit très-judicieusement.

M. de Voltaire, sur la fin de l'année 1744, eut un brevet d'Historiographe de France, qu'il qualifie de magnifique bagatelle; il étoit déja connu par son histoire de Charles XII, dont on a fait tant d'éditions. Cette histoire fut principalement composée en Angleterre, à la campagne, avec M. Fabrice, Chambellan de Georges I, Electeur de Hanovre, Roi d'Angleterre, qui avoit résidé sept ans auprès de Charles XII, après la journée de Pultawa.

C'est ainsi que la Henriade avoit été commencée à Saint-Angé, d'après les conversations avec M. de Caumartin.

Cette histoire fut très-louée pour le style, & très-critiquée pour les faits incroyables; mais les critiques & les incrédules cesserent, lorsque le Roi Stanislas envoya à l'Auteur, par M. le Comte de Tressan, Lieutenant-Général, une attestation authentique, conçue en ces termes:

„ M. de Voltaire n'a oublié, ni déplacé aucun fait, aucune circonstance; tout est vrai, „ tout est dans son ordre; il a parlé sur la „ Pologne & sur tous les événemens qui sont „ arrivés, comme s'il avoit été témoin oculaire. „ Fait à Commercy, le 11 Juillet 1759.

Dès qu'il eut un de ces titres d'Historiographe, il ne voulut pas que ce titre fût vain, & qu'on dît de lui ce qu'un Commis du trésor Royal disoit de Racine & de Boileau; nous n'avons encore vu de ces Messieurs que leur signature. Il écrivit la guerre de 1741, qui étoit alors dans toute sa force, & que l'on retrouve dans le siecle de Louis XIV & de Louis XV.

Il étoit alors à Etiole, avec cette belle Madame d'Etiole, qui fut depuis la Marquise de Pompadour. La Cour ordonna des fêtes pour le commencement de l'année 1745, où l'on devoit marier le Dauphin avec l'Infante d'Espagne. On voulut des ballets avec de la musique chantante, & une espece de Comédie qui servît de liaison aux vers; il en fut chargé, quoiqu'un tel spectacle ne fût point de son goût; il prit pour sujet une Princesse de Navarre. La piéce est écrite avec légéreté. M. de la Popeliniere, Fermier-Général, mais lettré, y mêla quelques ariettes; la musique fut composée par le fameux Rameau.

Madame d'Etiole obtint alors, pour M. de Voltaire, le don gratuit d'une charge de Gentilhomme ordinaire de la Chambre. C'étoit un présent d'environ soixante mille livres; & présent d'autant plus agréable, que peu de temps après, il obtint la grace singuliere de vendre cette place, & d'en conserver le titre, les priviléges & les fonctions.

Peu de personnes connoissent le petit *Impromptu* qu'il fit sur cette grace, qui lui avoit été accordée, sans qu'il l'eût sollicitée deux fois.

» Mon Henri-quatre & ma Zaïre,
» Et mon Américaine Alzire,
» Ne m'ont jamais valu qu'un seul regard du Roi.
» J'avois mille ennemis avec très-peu de gloire.
» Les honneurs & les biens pleuvent enfin sur moi,
» Pour une farce de la foire.

Il avoit eu cependant, long-temps auparavant, une pension du Roi de deux mille livres, & une de quinze cens livres de la Reine; mais il n'en sollicita jamais le paiement.

L'histoire étant devenue un de ses devoirs, il commença quelque chose du siecle de Louis XIV; mais il différa de le continuer. Il écrivit la campagne de 1744, & la mémorable bataille de Fontenoy. Il entra dans tous les détails de cette journée intéressante. On y trouve jusqu'au nombre des morts de chaque Régiment. Le Comte d'Argenson, Ministre de la guerre, lui avoit communiqué les lettres de tous les Officiers; le Maréchal de Noailles & le Maréchel de Saxe lui avoient confié des mémoires.

En 1750, M. de Voltaire se rendit aux sollicitations du Roi de Prusse, qui le demandoit depuis long-temps, & s'attacha à ce Prince de l'agrément du Roi. Il eut à Berlin la croix du mérite, la clef de Chambellan, & 20000 liv. de pension. Il vivoit avec la plus grande familiarité avec Frédéric. Il couchoit au-dessus de son appartement, & ne sortoit de sa chambre que pour souper.

M. de Voltaire n'a jamais désavoué positivement le bon mot qui piqua si fortement son nouveau Maître contre lui. Le Général Manstein étant venu le prier de mettre en François les mémoires sur la Russie, composés par cet Etranger, il lui répondit : Mon ami, à une autre fois; voilà le Roi qui m'envoye son linge sale à blanchir; je blanchirai le votre ensuite. La querelle de Maupertuis, survenue en même-tems avec ce Poëte, fit éclater le mécontentement du Monarque.

Cet événement le corrigea de l'envie de vivre si familièrement avec les Souverains. Le séjour en Prusse lui sembloit un de ces rêves brillans, que les Poëtes feignent quelquefois dans leurs ouvrages. Celui-ci finit par un coup de tonnerre. M. de Voltaire étoit né avec une indépendance d'idées qui se plie impatiemment sous le joug nécessaire des Cours. C'est à l'occasion de sa retraite de Prusse qu'il fit la pièce suivante, qui n'est pas dans le recueil de ses ouvrages, & qui est adressée au Marquis d'Adhemar, Grand-Maître de Madame la Margrave de Bareith.

„ Dans la retraite, où la raison m'attire,
„ Je goûte en paix la liberté;
„ Cette sage divinité,
„ Que tout mortel, ou regrette, ou desire,
„ Fait ici ma félicité.
„ Indépendant, heureux au sein de l'abondance,
„ Et dans les bras de l'amitié,
„ Je ne puis regretter ni Berlin, ni la France;
„ Et je regarde avec pitié
„ Les traités frauduleux, la sourde inimitié,
„ Et les fadeurs de la vengeance:
„ Mes vins, mes fruits, mes fleurs, ces campagnes, les eaux,
„ Mes fertiles vergers, & mes rians berceaux,

„ Trois fleuves que de loin mon œil charmé contemple,
„ Mes pénates brillans fermés aux envieux;
„ Voilà mes Rois, voilà mes Dieux.
„ Je n'ai point d'autre Cour, je n'ai point d'autre temple.
„ Loin des Courtisans dangereux,
„ Loin des fanatiques affreux,
„ L'étude me soutient, la raison m'illumine;
„ Je dis ce que je pense & fais ce que je veux;
„ Mais vous êtes bien plus heureux,
„ Vous vivez près de Wilhelmine.

M. de Voltaire se consola des disgraces des Cours, en faisant des heureux. Il répara les torts de la fortune envers le sang des Corneilles. Manes des Calas, des Labarres, des Montbaillis, dit un de ses Panégyristes, vous invoquez son éloquence; & ce ne sera pas en vain. S'il ne peut arrêter le poignard du fanatisme, ou le glaive précipité de la justice trompée, dumoins il effacera l'infamie, que le préjugé réfléchiroit sur vos familles en pleurs.

Mais ce qui mit le comble à son bonheur, ce fut de pouvoir profiter des vues patriotiques, d'un nouveau Ministre qui, le premier en France, débuta par être le pere du peuple. La patrie que M. de Voltaire s'étoit choisie dans le pays de Gex, est une langue de terre de cinq à six lieues sur deux, entre le Mont-Jura, le lac de Geneve & la Suisse. Ce pays étoit infecté par environ quatre-vingt Sbirres des Aides & Gabelles, qui abusoient de la dignité de leur bandouliere pour vexer horriblement le peuple à l'insu de leurs Maîtres. Le pays étoit dans la plus effroyable misere. M. de Voltaire fut assez heureux pour obtenir du bienfaisant Ministre un traité par lequel cette solitude (car on n'ose pas dire cette province) fut délivrée de toute vexation; elle devint libre & heureuse.

M. de Voltaire se racommoda depuis avec le Roi de Prusse; & il lui appliqua très-heureusement ce vers qu'Horace fit pour sa Maîtresse;

„ *Nec tecum possum vivere nec sine te.*

Au milieu des délices de Ferney, il sembloit cependant qu'il manquoit quelque chose à sa satisfaction. Depuis long-tems ses amis le pressoient de revoir sa patrie, dont il paroissoit en quelque sorte exilé. M. & Madame de Villette lui firent les instances les plus vives au commencement de l'année 1778; & le Ciel sembla seconder leurs vœux par une température de douceur extraordinaire qui régna à cette époque. Il monta en voiture avec Madame Denis & Madame de Villette.

Son voyage n'eût rien de remarquable, qu'une aventure qu'il raconta en arrivant. Il avoit mis pied à terre dans un Village pour changer ses chevaux.

„ J'ai apperçu, dit-il, à quelques pas un Vieil-
„ lard vénérable, à peu-près de mon âge, & qui
„ assurément étoit plus ingambe que moi. Je me
„ suis approché de lui, & l'examinant de plus

» près, j'ai cru le connoître, & je lui ai dit : » Monsieur, je vous demande bien pardon ; » mais vous ressemblez beaucoup à un enfant » que j'ai vu il y a soixante-dix ans. Cet homme » m'a demandé quand & où j'avois vu cet en- » fant ; & quand je lui ai eu tout expliqué, il » m'a dit : c'étoit moi ; & après m'être nommé » à mon tour, nous nous sommes embrassés.

Sa voiture fut arrêtée aux barrieres, suivant l'usage ; les Commis lui demanderent s'il n'avoit rien à déclarer ; il leur répondit : Messieurs, il n'y a que moi ici de contrebande. L'on verra par la suite que ce propos n'étoit pas une simple gentillesse.

C'est le 10 Février, qu'après plus de vingt-sept ans d'absence, cet homme célébre rentra dans Paris ; & l'on pourroit presque ajouter, dans sa patrie. Il descendit à l'hôtel du Marquis de Villette, au coin de la rue de Beaune, & dès le lendemain ce fut chez lui un concours de monde prodigieux. Il resta toute la semaine en robe de chambre & en bonnet de nuit : il reçut ainsi la Cour & la Ville. La Marquise de Villette & Madame Denis tenoient le cercle & faisoient les honneurs ; un Valet de chambre alloit avertir M. de Voltaire à chaque personne qui arrivoit ; il venoit. M. le Marquis de Villette & le Comte Dargental, chacun de leur côté, présentoient ceux que le Philosophe ne connoissoit pas, ou dont il avoit perdu le souvenir. Il recevoit le compliment du curieux, & lui répondoit un mot honnête, puis retournoit dans son cabinet dicter à son Secrétaire des corrections pour sa Tragédie d'Irène. Sa tendresse paternelle envers cet ouvrage qu'il avoit extrêmement à cœur de voir jouer, n'étoit pas entrée pour peu dans son retour; mais quelle fut sa douleur d'être privé de cet Acteur célèbre qu'il avoit formé, de le Kain! Ce fut l'Abbé Mignot, son neveu, qui lui en apprit en même-temps la maladie & la mort. A cette funeste nouvelle, il se trouva mal de saisissement.

Au reste, l'encens qu'on lui prodiguoit sans relâche lui auroit fait tout oublier. Rien de plus flatteur que la sensation que produisoit son arrivée; les Grands, les femmes les plus distinguées & les plus aimables, les gens de lettres, les artistes, les amateurs en tout genre s'empressoient de lui rendre hommage. Le Chevalier Gluck, partant pour Vienne, avoit retardé son voyage en faveur de cet illustre Vieillard.

L'Académie Françoise, dès le 12, avoit arrêté une députation pour complimenter ce Confrere; elle avoit nommé, contre l'usage qui n'admet dans ces sortes d'occasions qu'un seul député, trois de ses Membres, à la tête desquels étoit le Prince de Beauveau: nombre d'autres auroient voulu être du cortège.

Le 13, la troupe des Comédiens François étoit venue lui rendre ses devoirs. Le sieur Bellecour l'avoit harangué par un compliment auquel M. de Voltaire avoit répondu avec beaucoup d'affabilité. Puis en parlant de sa santé, il avoit ajouté ces paroles peu dignes de lui, mais qui manifestoient bien son affection pour sa Tragédie: Je ne puis plus vivre désormais que pour vous & par vous. Au reste, ce qui prouve que, rendu à lui-même, il savoit pourtant apprécier cela, c'est sa réflexion à cette occasion. La députation des Comédiens partie, quelqu'un ayant observé que le sieur Bellecour avoit débité son discours d'un ton fort pathétique; il répondit: oui, nous avons fort bien joué la Comédie l'un & l'autre. Ce fut pendant cette cérémonie qu'il dit à Madame Vestris: Madame, j'ai travaillé cette nuit pour vous, comme un jeune homme de vingt ans! Mlle. Arnoux, présente; car les Courtisannes, célébres par leurs talens, ou leurs graces, étoient aussi admises aux audiences de cet homme universel, s'écria avec sa malice ordinaire: Au moins ce n'a pas été sans rature.

Le lundi 16, on devoit donner, au profit de la famille de Corneille, la représentation d'une de ses piéces; & voulant faire leur cour à M. de Voltaire, les Comédiens, au lieu d'*Héraclius* annoncé, avoient substitué *Cinna*, suivant l'insinuation qu'ils en avoient reçue chez lui, pour se conformer à la décision du commentateur, qui juge cette piéce la meilleure de celles du pere de la Tragédie en France. Mais il s'étoit trouvé tellement fatigué qu'il n'avoit pu y aller, ni même sortir encore. Voici le bulletin qu'on répandit.

,, Lundi 16 Février, M. de Voltaire n'a point ,, donné d'audience générale à cause de son indis- ,, position du Dimanche; mais il a reçu quelques ,, personnes en particulier, malgré les soins de M. ,, de Villette à veiller à cette précieuse santé, & à ,, empêcher les importuns de pénétrer. Les person- ,, nages les plus distingués, qui ont eu le bonheur

„ de voir le Philosophe, sont le Docteur Francklin, Madame Necker, M. l'Ambassadeur d'Angleterre & M. Balbastre. On a admiré „ comment il a varié sa conversation pour des „ Acteurs aussi divers, & sur-tout avec quelle „ grace, quelle vivacité, quel esprit il a cherché „ à plaire à la femme du Directeur général des „ finances.

„ Quoiqu'il se plaignît du mal de tête, il a „ voulu flatter l'amour propre de l'artiste renommé qui venoit lui rendre son hommage: il lui „ a demandé une pièce de clavessin, & cet habile „ homme a semblé charmer les maux du malade.

Dans le début de la conversation avec M. Francklin, M. de Voltaire affectoit de parler Anglois à l'illustre insurgent. Madame Denis lui observa que le Docteur savoit le François, & qu'on seroit bien-aise de les entendre tous deux: Ma niece, lui répondit l'oncle, j'ai cédé un moment à la vanité de parler la même langue que M. Francklin. Sans doute la même vanité lui avoit suggéré de parler Italien avec M. Goldoni.

Cependant le nouveau genre de vie que menoit le Vieillard de Ferney, à Paris, après un voyage long & fatiguant, dans une saison rigoureuse; les efforts continuels qu'il étoit obligé de faire pour suffire aux visites qu'on lui rendoit, aux lettres qu'il recevoit, & sur-tout pour soutenir par des saillies brillantes sa haute réputation, ce ton du monde, cette politesse de Cour qu'il vouloit prouver n'avoir pas oubliée; ces égards, cette bienveillance générale qu'il cherchoit à témoigner à chacun d'une maniere & dans un dégré proportionné; enfin, son humeur, à laquelle depuis long-tems il avoit donné un libre cours, & qu'il étoit obligé de réprimer; tout cela minoit beaucoup sa santé déja trop altérée. Il s'en appercevoit lui-même; il disoit: L'on m'étouffe; mais c'est sous des roses. Il désignoit par cette métaphore heureuse, le parfum des louanges qui l'enivroit, & auquel il n'avoit pas le courage de se soustraire.

Tout n'étoit pas rose cependant pour lui; s'il étoit accablé d'une multitude de pièces, de vers louangeurs & fades, il y avoit des gens qui cherchoient à aiguiser ces douceurs par des écrits plus piquans; il recevoit beaucoup de lettres anonymes, destinées à empêcher que son amour-propre ne s'exaltât trop. Entre ces satyres, qui ne valoient pas toujours mieux que les éloges, il en faut distinguer une, intitulée; Avis important pendant la tenue de la foire Saint-Germain; où il y a beaucoup de sel & quelques vérités. On y releve avec adresse les ridicules & les défauts de ce grand homme. Le voici:

„ Le sieur Villette, dit Marquis, successeur
des Jodelles,
„ Facteur de vers, de prose & d'autres bagatelles,
„ Au Public donne avis
„ Qu'il possède dans sa boutique
„ Un animal plaisant unique,
„ Arrivé récemment
„ De Geneve en droiture;
„ Vrai phénomène de nature,
„ Cadavre, squelette ambulant.

„ Il a l'œil très-vif, la voix forte ;
„ Il vous mord, vous caresse, il est doux il s'emporte ;
„ Tantôt il parle comme un Dieu,
„ Tantôt il jure comme un Diable.
„ Son regard est malin, son esprit est tout feu :
„ Cet Être inconcevable
„ Fait l'aveugle, le sourd & quelquefois le mort.
„ Sa machine se monte & démonte à ressort,
„ Et la tête lui tourne en l'appellant grand homme,
„ Du Mont Crapack ; tel est l'original en somme.
„ On le verra tous les matins
„ Au bout du quai des Théatins :
„ Par un salut profond, beaucoup de modestie ;
„ Les grands Seigneurs pairont leur curiosité :
„ Porte ouverte à l'Académie,
„ A tous Acteurs de Comédie,
„ Qui flatteront sa vanité,
„ Et voudront adorer l'idole.
„ Les gens mitrés, portant l'étole,
„ Pour éviter ses griffes & ses dents,
„ Verront de loin, moyennant une obole.
„ Tout Poëte entrera pour quelques grains d'encens.

Il avoit contre lui tout le parti des dévots, & tout le clergé, ce qui formoit une nuée d'ennemis, bien plus considérable que le nombre de ses partisans & admirateurs. Ils étoient furieux de l'éclat qu'avoit fait ici son arrivée, & de la sensation incroyable qu'elle avoit produite. Ils chercherent d'abord à se prévaloir des défenses qu'ils croyoient exister, par lesquelles il lui étoit interdit de reparoître dans cette capitale. Ils consulterent les registres de la police, ceux du département de Paris; ceux des affaires étrangeres, pour voir s'ils ne trouvoient pas quelque bout de lettre de cachet, dont ils pussent s'autoriser pour le perdre pieusement dans l'esprit du Roi, déja très-mal disposé; projet dans lequel ils espéroient être secondés par Monsieur, ne goûtant pas davantage le coryphée de la philosophie moderne. Malheureusement il fut constaté qu'il n'y avoit jamais eu d'ordre par écrit qui expulsât M. de Voltaire; que sa longue absence ne devoit s'attribuer qu'à son inquiétude naturelle, & à des insinuations verbales de s'éloigner.

Sans doute, une foule de ses ouvrages brûlés pouvoient servir de prétexte à lui faire son procès; mais il n'en avoit signé aucun. Ce sont des écrits anonymes ou pseudonymes qu'il a toujours désavoués, & il auroit fallu établir une instruction en regle qui auroit été trop odieuse dans ce siecle éclairé, & à laquelle ne se seroit pas prêté le parlement, dans le sein duquel il avoit des parens, des amis & des admirateurs.

La cabale des dévots se trouva donc réduite à intriguer sourdement d'un côté, à crier au scandale de l'autre, & à gémir universellement du séjour de cet Apôtre de l'incrédulité dans cette ville. M. l'Archevêque, comme le plus intéreſſé à ſon expulſion, & le plus zélé pour la défenſe de la religion, en écrivit directement au Roi; mais on repréſenta à Sa Majeſté que ce Vieillard, déja fatigué de ſon déplacement dans une pareille ſaiſon, d'une longue route, de la multitude de viſites qu'il avoit reçues, & plus encore affecté du chagrin de déplaire au Monarque, ne pouvoit retourner à Ferney dans le moment, que ce ſeroit une inhumanité de l'y contraindre; qu'il en mourroit; & qu'il étoit de la bonté de S. M. de le laiſſer repartir de lui-même, ainſi qu'il ſe le propoſoit.

Voilà l'état où en étoient les choſes, lorſque M. de Voltaire tomba ſérieuſement malade par l'accident grave d'un crachement de ſang qui lui ſurvint. Monſieur Tronchin le voyoit tous les jours, & ſouvent le matin & le ſoir; car M. de Voltaire, en ne pouvant ſe ménager ſur le moral, lui demandoit fréquemment des conſeils ſur ſon phyſique. Le Docteur lui défendoit les remèdes, & lui ordonnoit de veiller ſeulement ſur ſon ame, d'en modérer la fougue, d'en calmer les paſſions, de vivre dans la tranquillité & le repos; ne pouvant rien obtenir de ce côté-là, il écrivit au Marquis de Villette le bulletin ſuivant, qui eſt d'un genre ſingulier, mais qui fut un pronoſtic vérifié par l'expérience.

» J'aurois fort deſiré de dire de bouche à M. le » Marquis de Villette, que M. de Voltaire vit, » depuis qu'il eſt à Paris, ſur le capital de ſes » forces; & que tous ſes vrais amis doivent » ſouhaiter qu'il n'y vive que de ſa rente. Au » ton dont les choſes vont, les forces dans peu » ſeront épuiſées; & nous ſerons témoins, ſi nous

» ne sommes pas complices de la mort de M. de
» Voltaire.

On auroit cru qu'un avertissement aussi sérieux eût fait quelque impression sur le vieux malade, qui n'avoit pas envie de mourir; mais accoutumé à vivre depuis quatre-vingt quatre ans, à se plaindre toujours, à triompher par la force de sa constitution, de tous les maux qu'il exagéroit, à invoquer la médecine & à s'en moquer, il ne fit pas plus de cas de ce dernier avis de l'amitié.

Ne respirant qu'après le moment de voir jouer sa tragédie, le Dimanche 22, il avoit fait la distribution & confrontation des rôles chez lui, où les Comédiens étoient mandés. Il les leur avoit fait répéter le cahier à la main, & mécontent de presque tous, il les avoit obligés de recommencer plusieurs fois, & pour leur donner le ton à chacun, avoit lui-même déclamé son Irene presqu'en entier. Cet effort, extrême à son âge, joint à la colere violente dans laquelle il étoit resté pendant la plus grande partie de la séance, lui procura une hémorragie considérable le Mercredi suivant.

La maladresse du Journal de Paris d'annoncer cet événement dangereux dès le lendemain, produisit le plus mauvais effet par l'éveil qu'en eût le Clergé. Aucun de ses membres n'avoit encore visité ce chef de l'impiété; les Prélats & autres Ecclésiastiques, ses confreres de l'Académie n'avoient voulut participer en rien aux démarches, ni même acquiescer aux délibérations de la compagnie à son sujet. Il jugea ce moment essentiel pour pénétrer chez le Moribond, le convertir, ou dumoins en obtenir quelque acte extérieur de religion, dont il pût se prévaloir & triompher.

Il y avoit des assemblées chez l'Archevêque de Paris. On délibéra sur la maniere de s'y prendre, lorsqu'un Abbé Gaulthier, Chapelain des Incurables, ex-Jésuite, enthousiaste ardent, tout radieux d'avoir ramené récemment au giron de l'Eglise l'Abbé Villemesens, le plus fougueux Janséniste qui eût encore existé. Encouragé d'ailleurs, par l'Abbé de l'Atteignant, ce vieux & endurci pécheur, non moins dévoré de zèle en ce moment, pour la conversion de M. de Voltaire, se persuada être l'homme que le Ciel avoit destiné à opérer ce miracle. Animé de cette foi vive qui transporteroit les montagnes, il se rend chez le Philosophe; il se donne à lui comme un envoyé de Dieu; il lui parle avec un ton de confiance & de supériorité, qui lui en impose au point, qu'il le détermine à se confesser. Il lui arrache en outre un écrit signé, en forme de profession de foi, dans lequel l'Apôtre de l'Incrédulité déclare qu'il veut vivre & mourir dans la Religion Catholique, Apostolique & Romaine, dont il fait profession, & il rétracte tout ce qu'il pourroit y avoir de contraire dans les écrits qu'il a publiés.

Malheureusement l'Abbé Gaulthier ne s'étoit pas entendu là-dessus avec M. le Curé de Saint Sulpice, ou du moins celui-ci conçut contre lui une jalousie qui ne tourna point au profit de la Religion. On a vu par la correspondance imprimée, entre M. de Voltaire & le Pasteur, que le premier ayant eu le tems de se remettre de l'effroi que lui avoit causé d'une part, la menace du Médecin, & de l'autre, celle du Prêtre, & le danger ayant cessé, s'étoit également moqué & du Soldat & du Général.

Le coryphée du parti encyclopédique n'en fut pas moins blâmé des autres Chefs. Il rougit lui-même de sa foiblesse, & crut l'excuser par un autre préjugé également pitoyable; il dit, qu'il ne vouloit pas que son corps fût jetté à la voirie. Il eut pendant quelques jours envie de retourner à Ferney, pour y aller cacher sa honte; mais il la jugea bientôt oubliée par le nouvel encens que firent fumer devant lui ses adorateurs, à l'occasion de sa convalescence. D'ailleurs, s'il lui en fût resté quelque impression, le succès de la premiere représentation de sa piece l'auroit absolument effacée.

Depuis quelques jours, il n'étoit question que d'*Irène*; & c'étoit à qui se pourvoiroit de place pour la voir. On varioit sur celle qu'y occuperoit l'Auteur. Les uns le mettoient dans un fauteuil sur le théâtre, pour que le public pût le contempler à l'aise: les autres lui faisoient l'honneur de l'admettre dans la loge de la Reine, où il seroit derriere Sa Majesté. Des gens plus sages le plaçoient dans celle des Gentilshommes de la Chambre; mais c'étoit inutilement: les Médecins lui avoient défendu d'y assister le premier jour.

Ce fut le 16 Mars qu'on joua cette Tragédie, tant attendue. Jamais on n'avoit vu si belle assemblée, devenue plus intéressante par les circonstances. Excepté le Roi, toute la famille Royale, tous les Princes & Princesses du Sang y étoient. En voici le jugement, qui nous parut dans le temps aussi raisonnable qu'impartial.

Malgré les éloges outrés, prodigués à M. de Voltaire par les Journalistes & par ses adulateurs, à l'occasion de sa Tragédie d'Irène, l'impartialité veut qu'on assure que les deux premiers actes ont été reçus avec de sincères applaudissemens, & sont en effet semés de beaux traits; mais que les trois derniers, absolument vuides, sont glacials. Il y a dans l'ensemble quelques scènes nobles, il y a des morceaux de sensibilité; mais rien de vraiment tragique, rien de cette éloquence vigoureuse, dont on remarque tant d'exemples dans Œdipe, Alzire, Mahomet, &c. Quant au dialogue, il est lâche, diffus, bavard & plein de répétitions. Les caractères sont ce qu'il y a de mieux; on les a trouvés assez bien frappés, vrais & soutenus; mais ils ne se développent guères qu'en paroles, la pièce étant presque tout-à-fait dénuée d'action. En un mot, elle ne peut que grossir le nombre des dernières Tragédies médiocres de l'Auteur.

Personne n'eut garde de parler aussi sincérement au Poëte. Pendant qu'on exécutoit sa Tragédie, dès le second acte, un Messager fut député de la Comédie, pour annoncer à M. de Voltaire la faveur qu'elle prenoit; après le quatrieme, un second vint, avec ordre de pallier le froid presque général, dont on avoit reçu le troisieme & le quatrieme. A la fin du cinquieme, M. Dupuy, le mari de Mlle. Corneille, fut le premier à lui apprendre, qu'Irène avoit eu un succès complet.

Un ami entra, ensuite trouva M. de Voltaire au lit, écrivant, enflé des éloges qu'il venoit de recevoir, & mettant en ordre sa seconde Tragédie d'Agathocle, pour la jouer de suite. Le Philosophe affecta d'abord beaucoup de flegme & ne répondit au complimenteur autre chose, sinon, ce que vous me dites me console; mais ne me guérit pas. Cependant il demanda quels endroits, quelles tirades, quels vers avoient produit le plus d'effet; & sur ce qu'on lui cita les morceaux contre le Clergé, comme ayant été fort applaudis; il fut enchanté de savoir qu'ils compenseroient la fâcheuse impression que sa confession avoit produite dans le public.

Les jours suivans, plus de trente Cordons bleus étant venus se faire écrire chez lui, pour le féliciter, l'illusion de son succès ne put que s'accroître; & ce qui y mit le comble, ce fut la députation du Jeudi 19, de l'Académie Françoise, pour l'assurer de la part que la Compagnie prenoit à son triomphe.

Tout cela n'étoit que le prélude d'une fête plus extraordinaire, dont les fastes du Théâtre n'ont point offert encore, & vraisemblablement n'offriront pas d'exemple.

L'on ne s'arrêtera pas ici à en donner la relation. Toutes les gazettes l'ont faite dans le tems, dans le plus grand détail. L'on s'arrêtera seulement aux anecdotes moins connues.

Tout est mêlé d'amertume dans cette vie, & le plus beau triomphe est souvent accompagné d'humiliations: c'est ainsi que M. de Voltaire en a éprouvé plusieurs, dont la moindre eût été propre à empoisonner le bonheur d'un homme, qui avoit autant d'amour-propre.

1°. Le jour de son couronnement, il savoit que la Reine étoit venue à l'Opéra; mais avec le projet de passer *incognito* à la Comédie Françoise, & d'y recevoir sans affectation les hommages du Nestor de la littérature. Elle ne lui a pas donné cette joie : on a assuré que dans sa loge, elle a reçu un billet qui l'a détournée de son premier dessein. On prétend même qu'il avoit été rendu en route à Sa Majesté.

2°. Son Irène a bien été jouée à la Cour; mais on ne l'a point fait avertir d'y venir, comme il s'en flattoit, & comme la Reine le lui avoit fait espérer. Mais le jour de la représentation au débotté du Roi, pendant que S. M. s'habilloit pour le Spectacle, on a entendu les Courtisans perfides, pour plaire au Monarque, qu'on sait ne point aimer M. de Voltaire, lui dénigrer d'avance sa Tragédie, & prématurer son ennui, qui ne s'est que trop manifesté.

3°. Enfin, le Vieillard de Ferney, qui, en se repaissant de la fumée de la gloire, ne néglige pas le solide, & veille à ses affaires en homme qui s'en occupe essentiellement, est allé un jour chez un Procureur au Parlement, nommé Hureau, pour lui parler d'un procès, dont celui-ci n'avoit plus d'idée. Il a eu le dépit de voir ce suppôt du Palais, l'ignorer absolument, le traiter cavaliérement, comme un client ordinaire, & l'obliger de décliner son nom. Il a dû juger que ce malheureux Praticien vivoit dans une telle ignorance, qu'il ne savoit pas seulement que M. de Voltaire fût à Paris. Il est vrai qu'à ce nom de Voltaire, il a ouvert les yeux & les oreilles ; que toute la maison en a bientôt retenti ; & que la rumeur, passant de bouche en bouche, le Philosophe en rentrant dans son carrosse s'est vu assailli de toute la populace du quartier.

Une scene plus risible, mais non moins piquante pour M. de Voltaire, s'il en eût été instruit, s'étoit passée quelques jours avant. Sous un bâtelage grossier, elle donnoit aux Parisiens une leçon à la Place de Louis XV. Un Charlatan cherchoit à vendre de petits livrets, où il enseignoit des tours de cartes & des secrets de cette espece. » En voici un, disoit-il, Messieurs, „ que vous serez bien-aise de savoir ; il est merveilleux, & vous n'en douterez plus quand je „ vous apprendrai que je le tiens de Ferney, „ de ce grand homme, qui fait tant de bruit ici, „ de ce fameux Voltaire, notre Maître à tous ».

Tandis qu'un bâteleur le persiffloit ainsi assez finement devant le peuple, les Prédicateurs tonnoient contre lui en chaire avec une fureur digne du quinzieme siecle ; l'Abbé Beauregard ne l'épargnoit pas même à Versailles : il gémissoit sur la gloire dont on affectoit de couvrir le chef audacieux d'une secte impie, le destructeur de la Religion & des mœurs ; & désignoit trop sensiblement le Vieillard de Ferney, pour que celui-ci ne dût juger que Sa Majesté n'avoit pas désapprouvé cette diatribe évangélique, & conséquemment étoit encore dans le préjugé défavorable, dans la sorte d'aversion même qu'on lui en avoit inspiré dès son enfance ; ce qui le désoloit & lui ôtoit tout espoir d'être jamais accueilli du Monarque. Quelquefois dans son dépit, il formoit la résolution de s'arracher à ces lieux enchanteurs, & de retourner dans sa solitude, & toujours quelques nouveaux liens l'y retenoient.

Depuis la belle saison, tems où il auroit pu partir, il y étoit retenu plus que jamais, par la foule des objets qu'il y avoit à parcourir, par cette multitude d'amis, d'admirateurs, de protecteurs qu'il lui falloit visiter, par l'extension des idées & des projets que lui suggéroient les circonstances; ensorte que, durant les quatre mois qu'il est resté à Paris, il a pu dire avoir plus vécu que pendant dix ans à Ferney.

Cependant on ne douta plus qu'il ne nous échappât, quand on vit dans le monde sa pièce intitulée, *les adieux du Vieillard*.

Mais on sut bientôt que ce n'étoit qu'une fiction poëtique, pour avoir lieu de répandre des vers pleins de graces, de noblesse, de facilité, de sentiment; de faire sa cour aux Princes, dont il cherchoit à se ménager l'appui contre ses ennemis à Versailles, & de dire des injures aux Anglois, à qui l'on alloit faire la guerre. On y trouva seulement bien extraordinaire, qu'il comparât le Marquis de Villette à Tibulle, & l'érigeât en Sage.

Une fausse-couche que fit sa chère Belle & Bonne, lui servit de prétexte pour rester. On étoit d'autant plus fâché de cet accident qu'il devoit être parrain, & qu'on étoit dans l'attente de lui voir faire un Chrétien, après avoir fait tant de pervertis.

On sut depuis que le véritable motif qui le déterminoit à ne pas désemparer, étoit la crainte des cabales du Clergé, qui lui faisoit envisager, s'il s'en alloit une fois, qu'on pourroit bien s'opposer à son retour. Le moderne demi-Dieu se trouva donc forcé à recevoir encore des couronnes, & à se voir élever des autels; au point qu'un jour, honteux lui-même de cet excès de superstition, il s'écria : Je suis comme Spartacus; je rougis de ma gloire.

Nous passons légérement sur sa réception de Franc-Maçon, à la loge des neuf-Sœurs, le 8 Avril, cérémonie puérile, à laquelle M. de Voltaire a cru devoir se prêter, par reconnoissance des hommages que lui avoit rendus à sa convalescence cette loge composée en grande partie de gens de lettres. Nous citerons seulement ces quatre vers du frere la Dixmerie, tirée d'une chanson chantée au banquet.

„ Au seul nom de l'illustre frere,
„ Tout Maçon triomphe aujourd'hui:
„ S'il reçoit de nous la lumiere,
„ Le monde la reçoit de lui.

Nous n'appuyerons pas davantage sur les honneurs qu'il a reçus au Spectacle de Madame de Montesson; sur celui qu'il a eu de faire sa cour à M. le Duc de Chartres, & à Madame la Duchesse, qui, le forcerent de s'asseoir devant eux, pour en jouir & l'écouter plus long-temps.

Pour n'être pas trop longs, en nous répandant en répétition des mêmes éloges, des mêmes fadeurs, nous ne nous arrêtons qu'aux anecdotes plus piquantes, soit par leur nouveauté, soit par les accessoires.

Par exemple, n'a-ce pas été un spectacle bien plaisant, que de voir ce Vieillard ne pas dédaigner de se transporter chez les plus célebres Laïs du jour qui l'avoient visité ; c'est ainsi que le Samedi-Saint, il se rendit chez Mlle. Arnoux, & que les Spectateurs admirerent la légéreté de la conversation du Philosophe & de la Courtisanne.

Quelques jours après, les Comédiens François, étant assemblés pour le répertoire de la semaine de l'ouverture, furent surpris agréablement de voir arriver chez eux le vieux malade, qui les a comblés de remercîmens, pour les soins qu'ils s'étoient donnés, afin d'accélérer la représentation d'Irène, & la faire goûter du public. Il leur a dit qu'étant sur le point de faire un voyage de deux mois à Ferney, il emportoit les manuscrits de sa Tragédie d'Agathocle, & de la Comédie du Droit du Seigneur, pour y faire des changemens nécessaires. Quant à la derniere, elle a été jouée en 1762, sous le titre de l'*Ecueil du Sage*. Elle est médiocre : on dit qu'il veut la réduire de cinq actes à trois.

On comptoit que M. de Voltaire se trouveroit peut-être à la rentrée de l'Académie des belles-lettres ; mais cette compagnie, ou dumoins la cabale des dévots, & sur-tout des Jansénistes, ne pouvoit avoir rien de bien attrayant pour lui. D'ailleurs, elle venoit de lui donner une mortification trop grande en s'agrégeant M. Larcher, un des plus fougueux adversaires du Philosophe, qui l'a désolé à force de diatribes scientifiques, auxquelles il n'a pu répliquer que par des plaisanteries ou des injures.

Mais c'est sur-tout à l'Académie Françoise qu'il desiroit jouir du triomphe. Il attendoit avec impatience quelque séance publique, qu'on n'avoit encore pu lui ménager, par la résistance des Prélats & autres membres qui s'y opposoient, & sur-tout par la crainte de la désaprobation de la Cour. En attendant, il en suivoit le plus qu'il pouvoit les séances; il y présidoit comme Directeur; & , le croira-t-on, voulant se signaler en tout genre, lui qui, de sa vie, n'avoit ouvert une grammaire, qui avoit déclaré cent fois ne faire aucun cas de tous les traités sur la langue, ne connoître d'autre Maître en ce genre que l'usage & le beau monde; il entreprenoit la réforme du dictionnaire de ce corps. . . à quatre-vingt quatre ans!

Il s'étoit chargé de la lettre *A*. Rempli d'ardeur, il rentre chez lui; dans la crainte de se refroidir sur cet ouvrage fatiguant & ennuyeux, il ne veut pas le quitter qu'il ne soit consommé; il redouble les doses de café qu'il prenoit dans ces cas-là. Il est tourmenté de sa strangurie, à laquelle se joint une insomnie opiniâtre. Il étoit dans cette crise violente, lorsque le Maréchal Duc de Richelieu vint le voir. M. de Voltaire félicite ce Vieillard, presque de même âge, sur sa brillante santé; il lui demande comment il fait pour dormir. Le Maréchal lui parle d'un calmant, dont il fait usage en pareil cas avec succès; il en envoie sur le champ au malade, qui, sans s'arrêter à la quantité prescrite, en prend le double & le triple, & peut-être davantage. Il tombe dans un assoupissement qui dure trente-six heures. Revenu à lui, les douleurs de sa strangurie se font sentir plus violemment; quatre Médecins sont mandés; tous leurs secours sont inefficaces. Le mal de plaisante encore ; il appelle le Maréchal de Richelieu, son frere Caïn, & il meurt le 30 Mai.

Quatre jours avant, M. de Lally lui ayant fait part de la cassation de l'Arrêt du Parlement contre son pere, en faveur duquel M. de Voltaire avoit écrit, il sembla se ranimer pour faire la réponse suivante : » Le Mourant ressuscite en » apprenant cette grande nouvelle. Il embrasse » bien tendrement M. de Lally ; il voit que » le Roi est le défenseur de la Justice : il mourra » content.

Ce billet peut être regardé comme les derniers soupirs de son Auteur. Il retomba bientôt dans l'accablement, dont il n'est plus sorti.

Quoiqu'on eût tenu sa maladie secrette, & sur-tout son danger, le Curé de Saint Sulpice l'étoit venu voir plusieurs fois, & n'en avoit jamais rien pu tirer. Enfin le Pasteur, peu de minutes avant son dernier souffle, s'est approché du moribond, & lui a fait des questions sur la foi, auxquelles M. de Voltaire n'a répondu que par ces mots : *Monsieur le Curé, laissez-moi mourir en paix*. Il a ranimé ses forces pour lui tourner le dos, & a expiré.

Quelque intéressés que les Prêtres fussent à supposer la conversion de M. de Voltaire à son dernier moment, pour assurer le triomphe de la Religion, ils n'ont pu employer cette ruse, & ils ont été obligés de constater son incrédulité finale, en lui refusant la sépulture de la maniere la plus scandaleuse. Sa famille n'a pu même obtenir de le faire inhumer au tombeau qu'il s'étoit preparé depuis long-temps à Ferney, à cause de l'Evêque d'Annecy, dont on a craint le fanatisme. L'Abbé Mignot, neveu du Philosophe, a imaginé de faire enterrer son oncle à son Abbaye de Scellieres en Champagne. Voici comment s'est passée cette petite comédie.

Après avoir ouvert le cadavre, on l'a rassemblé, on l'a affublé d'une perruque & d'une robe de chambre. L'Abbé Mignot s'est rendu le premier au Couvent, a prévenu ses Religieux que son oncle, quoique moribond, par une fantaisie de malade, avoit desiré venir chez lui; qu'il n'avoit pu lui refuser cette consolation, & qu'il alloit toujours lui préparer un appartement; mais qu'il craignoit bien que ce ne fût en vain. En effet, peu après est arrivé le carrosse, & le conducteur a déclaré que son Maître étoit mort en route, même depuis quelque tems, qu'il commençoit à puer; & sur cette déclaration, confirmée vraisemblablement par les Médecins & Chirurgiens de la maison gagnés, on a sans autre retard procédé à l'inhumation.

Depuis est survenu, de la part de l'Evêque de Troyes, dans le Diocèse duquel est l'Abbaye, défense d'enterrer M. de Voltaire; mais la chose étoit faite; & l'on présume, avec assez de raison, que ce Prélat, moins zélé que les autres, se sera conduit ainsi pour ne se brouiller avec personne.

Du reste, le Gouvernement a secondé parfaitement le Clergé, en défendant à tous les Journalistes de parler du défunt, & aux Comédiens de jouer ses pièces, jusqu'à nouvel ordre. L'Académie Françoise a sollicité en vain la consolation de faire faire un service pour le repos de l'ame de cet illustre & cher Confrere.

C'est beaucoup que depuis elle ait obtenu de proposer son éloge pour un sujet de prix.

Voici une épitaphe que lui fit d'avance, il y a sept ou huit ans, le Docteur Ribailler, à l'occasion de la statue qu'on arrêta de lui ériger dans la société de M. Necker; on la renouvelle aujourd'hui, parce qu'elle étoit peu connue alors; elle contient quelques vérités, quoiqu'en général elle soit dure & outrée.

En tibi dignum lapide Voltarium
Qui
In poesi Magnus,
In historia parvus,
In Philosophia minimus,
In Religione nullus;
Cujus
Ingenium acre,
Judicium preceps,
Improbitas summa;
Cui
Arrisère mulierculæ
Plosère scioli,
Fovere Prophani;
Quem
Irrisorem hominum deûmque,
Senatus, populusque athæo-physicus
Œre collecto
Statûs donavit.

En voici une autre en François, plus courte, plus vive & non moins méchante, qu'on attribue à Jean-Jacques Rousseau.

Plus bel esprit que grand génie,
Sans loi, sans mœurs & sans vertu;
Il est mort comme il a vécu,
Couvert de gloire & d'infamie.

On trouvera plus de vérité, & sur-tout plus de poésie dans celle-ci, qui est de M. le Brun.

O Parnasse! frémis de douleur, & d'effroi!
Pleurez, Muses, brisez vos lyres immortelles.
Toi, dont il fatigua les cent voix & les aîles,
Dès que Voltaire est mort, pleure & repose-toi.

VERS

De M. de Voltaire, à M. le Comte de Saxe, en lui envoyant les Œuvres de M. le Marquis de R... après la mort de ce dernier, qui avoit été fort lié avec le Maréchal. Le Marquis de R... est supposé parler lui-même.

Je goûtais dans ma nuit profonde,
Les froides douceurs du repos,

Et m'occupois peu des Héros
Qui troublent le repos du monde.
Mais, dans nos champs Elysiens,
Je vois une troupe en colere
De Bretons & d'Autrichiens,
Qui vous maudit & vous révére :
Je vois des François éventés,
Qui semblent encore entêtés
De leur plaisir & de leur gloire ;
Car ils sont morts à vos côtés
Entre les bras de la Victoire.
Enfin, dans ces lieux tout m'apprend
Que celui que je vis à table
Gai, doux, facile & complaisant,
Et des humains le plus aimable ;
Devient aujourd'hui le plus grand.
J'allois vous faire un compliment ;
Mais parmi les choses étranges,
Qu'on dit à la Cour de Pluton,
On prétend que ce fier Saxon
S'enfuit au seul bruit des louanges,
Comme l'Anglois fuit à son nom.
Lisez seulement mes folies,
Mes vers qui n'ont loué jamais
Que les trop dangereux attraits
Du Dieu du vin & des Silvies ;
Ces Sujets ont toujours tenté,

Les Héros de l'antiquité ;
Comme ceux du ſiecle où nous ſommes ;
Pour qui ſera la volupté ,
S'il en faut priver les grands hommes?

EXTRAIT d'une Lettre à feu M. l'Abbé de Voiſenon.

Il eſt bien vrai que l'on m'annonce
Les lettres de Maître Clément.
Il a beau m'écrire ſouvent ;
Il n'obtiendra pas de réponſe ;
Je ne ſerai pas aſſez ſot ,
Pour m'embarquer dans ces querelles ;
Si c'eût été Clément Marot ,
Il auroit eu de mes nouvelles.

VERS

A M. le Comte de Treſſan.

Tandis qu'aux fanges du Parnaſſe ,
D'une main criminelle & baſſe ,
Rufus va cherchant des poiſons ;
Ta main délicate & légére ;

Cueille

Cueille aux campagnes de Cythère,
Des fleurs dignes de tes chansons.

Les graces accordent ta lyre;
Le plaisir mollement t'inspire,
Et tu l'inspire tour-à-tour.
Que ta muse, tendre & badine,
Se sent bien de son origine!
Elle est la fille de l'Amour.

Loin ce rimeur atrabilaire,
Ce cynique, ce plagiaire!
Qui, dans ses efforts odieux,
Fait servir à la calomnie,
A la rage, à l'ignominie,
Le langage sacré des Dieux!

Sans doute les premiers Poëtes,
Inspirés, ainsi que vous l'êtes,
Etoient des Dieux ou des Amans:
Tout a changé, tout dégénère,
Et dans l'art d'écrire & de plaire.
Mais vous êtes des premiers temps.

VERS
A Madame Necker. (a)

J'ÉTOIS nonchalamment tapi
Dans le creux de cette statue,
Contre laquelle a tant glapi
Des méchans l'énorme cohue;
Je voulois d'un écrit galant
Cajoler la belle Héroïne,
Qui me fit un si beau présent,
Du haut de la double colline:
Mais on m'apprend que votre époux,
Qui, sur la croupe du Parnasse,
S'étoit mis à côté de vous,
A changé tout-à-coup de place;
Il va de la Cour de Phébus,
Petite Cour assez brillante,
A la grosse Cour de Plutus,
Plus solide & plus imposante.
Je l'aimai, lorsque dans Paris,

(a) Madame Necker, femme de beaucoup d'esprit, qui aime les lettres, admet chez elle des gens de mérite, & des Savans; c'est chez elle que s'est faite la souscription pour la statue de M. de Voltaire.

De Colbert il prit la défense,
Et qu'au Louvre il obtint le prix (b)
Que le goût donne à l'éloquence.
A Monsieur Turgot j'applaudis,
Quoiqu'il parût d'un autre avis
Sur le commerce & la finance; (c)
Il faut qu'entre les beaux esprits,
Il soit un peu de différence;
Qu'à son gré chaque mortel pense;
Qu'on soit honnêtement en France,
Libre & sans fard dans ses écrits,
On peut tout dire, on peut tout croire;
Plus d'un chemin méne à la gloire,
Et conduit même en Paradis.

VERS

A M. le Kain.

Acteur sublime & soutien de la scène,
Quoi! vous quittez votre brillante Cour,

(b) L'*Eloge de Colbert*, par M. Necker, a été couronné il y a cinq ans, par l'Académie Françoise.

(c) Il s'agit ici d'un Livre de M. Necker, sur la liberté du commerce des grains, qui étoit en contradiction avec les principes de M. Turgot.

Votre Paris, embelli par sa Reine,
De nos beaux arts la jeune Souveraine
Vous fait partir pour mon triste séjour!
On m'a conté que souvent elle-même,
Se dérobant à sa grandeur suprême,
Seche en secret les pleurs des malheureux.
Son moindre charme est, dit-on, d'être belle.
Ah! laissons-là les Héros fabuleux.
Il faut du vrai: ne parlons plus que d'elle.

---

[a] ÉPITRE

Aux Calomniateurs de la Philosophie.

Vous, dont la rage plaît aux sots qu'elle édifie,
Impuissans ennemis de la Philosophie,
Le Public à la fin est las de tous vos cris;
Assez il a souffert que, dans vos plats écrits,
Votre audace, mêlant le mensonge aux outrages,
En style ridicule insultât à des Sages.
Le bon sens, à vous croire, est un crime d'Etat.
On ne peut raisonner, sans être un scélérat.

(a) Quelques personnes doutent que cette Epitre soit de M. de Voltaire: ce qu'il y a de certain, c'est qu'elle n'est pas indigne de lui.

Mœurs, loix, tout est perdu ; c'en est fait de la
France,
S'il faut qu'impunément un Philosophe pense.
A peine souffrez-vous qu'un télescope en main,
Aux comètes LA LANDE (b) enseigne le chemin ;
Et qu'à travers son voile épiant la nature,
BUFFON de l'Univers révéle la structure.
Enfin, si vous osiez, on vous verroit au feu
Jeter publiquement & Locke & Montesquieu,
Et, brûlant à la fois de zéle & de colére,
Etrangler d'Alembert, & tenailler Voltaire.

Je sais tous leurs forfaits. Ils ont l'impiété,
D'oser, pour braver Dieu, l'accuser de bonté ;
Et, croyant lâchement qu'à l'erreur il pardonne,
Ils estiment des gens damnés par la Sorbonne.
O! scélérat TITUS, ô! coquin de TRAJAN, (c)
Vous, morts sans Sacremens, vous, vrais fils de
Satan ;
Ils doutent qu'aux Enfers sa main velue & croche,
Ait, pour l'éternité, mis votre ame à la broche.
Ce n'est pas tout encor. Pour comble de noirceur,
Ils conseillent la paix, ils prêchent la douceur ;

(a) Membre de l'Académie des Sciences, Astronome le plus à la mode aujourd'hui par ses assertions hardies.

(b) Assertion du Livre de Bélisaire.

Ils voudroient, les méchans ! que de son sang avare,
L'homme devint enfin moins sot & moins barbare ;
Et, fût-il Archevêque & Duc & Sénateur,
Ils déclarent la guerre à tout persécuteur.
Vous qui, pour plaire à Dieu, versez le sang profane ;
Bourreaux du Saint Office, assassins en soutane ;
Ils veulent affranchir l'Espagne de vos fers ;
Ils prétendent un jour, détrompant l'Univers ;
A votre main sanglante arracher vos victimes ;
Vos sacrifices saints à leurs yeux sont des crimes ;
Votre zéle céleste ; ils l'appellent fureur,
Et vous, & vos bûchers, ils vous ont en horreur !

Encor si leur seul crime étoit la tolérance,
Ils pourroient de leur grace avoir quelque espérance.
Mais contre eux sans relâche en vain vous aboyez,
En vain dévotement, vous les calomniez ;
Leur oreille stoïque est sourde à vos injures ;
Sur les quais, sans les lire ; ils laissent vos brochures ;
Et, tout plains d'un mépris qu'ils ne peuvent celer,
A peine daignent-ils seulement vous siffler ;
Contre-eux, après cela, seriez-vous sans rancune ?
De leur gloire d'ailleurs l'éclat vous importune.
Vous êtes indignés que, traversant les mers,

Leur nom, partout fameux, remplisse l'Univers.
L'Europe entiere, hélas! lit l'Encyclopédie,
Dans les deux continens, *Zaïre* est applaudie;
Et vos tristes écrits, de vous seuls admirés,
Dans un coin chez CHAUBERT (*d*) pourissent
ignorés.

L'Envie est un secret qu'on avoue avec peine;
Aussi d'autres motifs parez-vous votre haine,
Contr'eux, à vous ouïr, vous n'avez tant de fiel,
Vous ne les déchirez que pour venger le Ciel.
Lâches persécuteurs! quand les enfans d'Ignace,
De Châtel aux forfaits encourageoient l'audace,
Par son bras trop docile osoient frapper leur Roi;
Quand d'assassins gagés, pleins de rage & de foi,
Dans le sein des François, CHARLES, (*e*) guidant les armes,
Fit couler sous leurs coups tant de sang & de larmes;
Quand d'OPPÈDE, (*f*) excité par un Prêtre inhumain,

(*d*) Imprimeur des ouvrages d'Abraham Chaumeix, contre l'Encyclopédie.

(*e*) Charles IX.

(*f*) Jean Meynier, Baron d'Oppède, premier Président au Parlement d'Aix, fit exécuter en 1545, par un zéle qui parut excessif, l'Arrêt rendu contre les Vau-

Embrasoit Mérindol, un missel à la main.
Quand, Martyrs insensés de leurs graves chimeres,
Las de déraisonner, Ariens, Trinitaires,
Soldats, Catéchisans, Prédicateurs armés,
Par la sottise en mître au carnage animés,
Sur les corps palpitans des enfans & des femmes,
Au milieu des débris de leurs temples en flammes,
L'un sur l'autre acharnés, tour-à tour s'égorgeoient;
Ils pensoient tous venger le Ciel qu'ils outrageoient.

---

dois le 18 Novembre 1540, qui condamnoit 19 de ces Hérétiques à être brûlés; & ordonnoit que toutes leurs maisons de Mérindol seroient entiérement démolies, aussi bien que tous les châteaux & tous les forts qu'ils occupoient. Mais après cette exécution, la Dame de Cantal, dont les villages & les châteaux avoient été brûlés & désolés, en demanda justice au Roi. Henri II ordonna que cette affaire seroit jugée par le Parlement de Paris. Il n'y eut jamais de cause plus solemnellement plaidée; elle tint 50 audiences consécutives; & Louis Auberi, Lieutenant-civil, qui fit en cette cause la fonction d'Avocat-général, ayant parlé pendant sept audiences, & conclu peu favorablement au Président d'Oppède; celui-ci se défendit avec tant de force par son excellent plaidoyer, qui commence par ces mots: *Judica me Deus, & discerne causam meam de gente non Sancta*, qu'il fut renvoyé absous; mais Guérin, Avocat-général, qui avoit donné trop de licence aux Soldats, eut la tête tranchée en place de Grève. Le Président d'Oppède mourut quelques années après en 1558. Cette note est tirée du dictionnaire de l'Abbé Ladvocat, Docteur & Bibliothécaire de Sorbonne.

Mais sans chercher si Dieu, doutant de sa puissance,
Se repose sur vous du soin de sa défense;
Si des Cuistres crasseux qui l'osent protéger,
Sont, par brevet du Ciel, commis pour le venger,
Pourquoi, calomniant ses plus parfaits ouvrages,
Parmi ses ennemis, rangez-vous tous les sages?
Les Prêtres, de tous temps, se sont moqués de nous;
L'un, en digérant Dieu, qu'il fait pour quelques sous,
Un pseautier à la main, quand le beau temps l'ennuie,
Vous promene son Saint pour avoir de la pluie.
L'autre, de vos péchés, vous promet le pardon,
Si vous allez, tel jour, bailler à son sermon.
Ici, l'on ensorcelle, & là, l'on exorcise.
Le Sage, j'en conviens, rit de tant de sottise.
Mais pour n'être pas dupe, est-on sans piété?
Le Ciel n'est-il chéri que du Moine hébêté,
Qui pense qu'aux *Chartrains*, (g) pour orner leur Eglise,
Marie a de Judée envoyé sa chemise?
Comme Athée obstiné faut-il jeter au feu,
Quiconque ne croit pas que, député par Dieu,

(f) On montre dans la Ville de Chartres une chemise de la Vierge.

Un pigeon distinguant Saint Remi dans la foule,
Lui vint jadis à Rheims porter la Sainte Ampoule ?

Lorsque, dans ses écrits, un intrépide Auteur,
Armé de la raison, fait la guerre à l'erreur,
On ignore pourquoi la Sorbonne irritée,
Soudain en plat latin vous le déclare Athée.
C'est que ce nom fatal peut le rendre odieux.
Elle croit qu'à ce mot des Juges furieux,
Aveugles instrumens de sa jalouse rage,
Vont par dévotion vous décrier un Sage.
Précépteurs des humains, voilà quels sont les coups,
Que toujours des cagots vous porta le courroux!
Leur foi, leur piété, le zéle qu'ils étalent,
C'est par la barbarie, hélas! qu'ils les signalent,
Et poursuivant nos jours, au nom de l'Eternel,
A leurs lâches fureurs ils font servir le Ciel!
De Platon dans les fers, ainsi périt le Maître;
Ses vertus contre lui déchaînerent un Prêtre,
Un frippon d'*Anitus*, RIBALLIER (*) de son temps,
Qui pour Cérès alors persécutoit les gens.
Ce fut en le traitant d'impie & d'hérétique,

(*) Docteur de Sorbonne, le grand antagoniste de M. Marmontel, qui a dénoncé & fait proscrire son Bélisare.

Que d'ignorance en froc un Sénat fanatique,
Fit traîner Galilée au fond d'un cachot noir,
Quel étoit donc son crime? Il avoit osé voir,
Qu'à la loi qui l'entraîne en tous les temps docile,
La terre tourne autour du Soleil immobile,
Que JEAN GEORGE (*h*) voudroit, dans les murs de Paris,
Aussi par des bourreaux enchaîner les esprits!
Que le meurtre & le sang charment sa barbarie!
Qu'il béniroit le Ciel si, servant sa furie,
Thémis, par un arrêt aux sciences fatal,
Se vouoit à l'opprobre en proscrivant RAYNAL; (*i*)
Mais le Savoir encor craindroit-il la Justice?
D'ALIGRE (*k*) seroit-il Juge du Saint Office!
Raison! toujours nous luit; nos yeux sont dessillés;
Un Sage est près du trône: hypocrites, tremblez.

» Eh bien, me dites-vous, en dépit de ce Sage,
» Les Bourbons méconnus perdront leur héritage,

(*h*) Lefranc de Pompignan, ancien Evêque du Puy, à présent Archevêque de Vienne. On l'accuse d'avoir fait publier au prône, dans le temps du Jubilé, que tout Philosophe étoit ennemi des Rois.

(*i*) L'Abbé Raynal, Auteur de l'*Histoire philosophique de l'établissement des Européens dans les deux Indes.*

(*k*) Premier Président du Parlement de Paris.

» Leurs jours sont menacés ; leur pouvoir est
détruit,
» S'il faut qu'en France encore on souffre un
homme instruit.
» Ces monstres dont l'esprit à l'étude s'applique,
» Qui prétendent savoir ce qu'ils nomment
logique,
» Moins ennemis encor de Dieu que des mortels,
» Ne bornent pas leur rage à briser les autels.
» Leurs cris séditieux, soulevant nos provinces,
» Appellent les poignards dans le sein de nos
Princes.
« Louis, en vain chez lui, de gardes escorté ;
» Sur son trône contr'eux n'est pas en sûreté ».
Je vois bien votre erreur. Vous prenez pour des
Sages,
Ces dévôts Ecrivains (*l*) dont les pieux ouvrages,
Apprennent dans quels cas, pour le bien de la foi,
On doit en conscience assassiner son Roi.
Vous imputez la ligue à la Philosophie.
Vous croyez qu'à penser passoient toute leur vie,
Ces Docteurs qui, vendant & la France & leurs
voix,

(*l*) Ceci a rapport au livre des assertions extraites des Casuistes, des Jésuites.

Armoient, par un décret, Paris contre Valois,
Allez, sous quelques traits que vous osiez les
peindre,
Des Apôtres du vrai, Bourbon n'a rien à craindre.
Eclairer les Sujets n'est pas trahir les Rois.
Les Rois ont des devoirs, les nations des droits;
Sans attenter au trône, on peut les en instruire.
A leur Prince, bon Dieu! les Philosophes nuire?
Forment-ils sous les loix d'un autre Potentat,
Etranger en tous lieux, un Etat dans l'Etat (*m*)?
L'indépendance est-elle un de leurs priviléges (*n*)?
Placent-ils leur Monarque au rang des sacrileges,
Alors que, les taxant par un Edit nouveau,
Il leur fait des impôts partager le fardeau?
Ingrats envers l'Etat, à leur Maître inutiles,
Ne veulent-ils l'aider que par des vœux stériles?
Osent ils l'asservir au joug d'un étranger?
Ont-ils prêché partout que l'on doit l'égorger,
Quand, pour entendre & voir, ne consultant per-
sonne,
Sans eux il doute ou croit, & sans eux il
raisonne?

(*m*) Ceci a rapport encore au régime des Jésuites, ne reconnoissant pour Chef que leur Général, à Rome.

(*n*) Toute cette tirade regarde les prétendues immunités du Clergé, de n'être point imposé, de ne donner qu'un don gratuit, &c.

Quoi ! de lui leur esprit les feroit redouter !
Quand Riballier sait tout, ils ne pourraient
douter,
Sans outrager des Rois la majesté suprême !
Quoi, la raison seroit funeste au diadême !
L'intérêt d'un Monarque est-il d'être ignorant ?
Est-il d'autant plus riche, est-il d'autant plus
grand
Qu'aux préjugés livré son peuple est plus stupide.

Je sais que maint Docteur savamment vous
décide,
Qu'au peuple un Roi sensé doit bien boucher les
yeux ;
Que c'est en l'aveuglant qu'il le conduira mieux,
Que la sottise rend les sujets plus dociles,
Et qu'on n'est absolu que sur des imbéciles.
„ Un peuple, disent-ils, est-il bien hébêté ?
„ Jouet d'un fourbe en froc, d'un Derviche
effronté,
„ De leurs pieds, en tremblant, il court baiser
la poudre ;
„ Du Ciel entre leurs mains il pense voir la
foudre ;
„ Et par l'absurdité croyant honorer Dieu,
„ N'ose de sa raison user sans leur aveu.
„ Là, pourvu que le Prince achete leur suffrage,
„ Iniquité, parjure, & meurtre & brigandage,

„ Il peut permettre tout à ſon ambition ;
„ Tout tyran qu'il ſera, ſa ſotte nation,
„ Même en le déteſtant, lui reſtera fidele,
„ Maître d'eux par ſon or, par eux ſeuls il l'eſt
d'elle ".
Bon ! Mais de ces Caffards, eſclave & non pas
Roi,
Leur orgueil humblement peut lui faire la loi.
Il faut que d'un Iman ſur ſon trône il dépende.
Il ne régnera pas qu'un Muphti ne lui vende
Du Ciel, qu'il fait mentir, & la voix & l'appui;
Et ſi de ſes bienfaits ils s'arment contre lui,
Si châtiant enfin ſa ſottiſe dévote,
Ils veulent aſſervir ſon ſceptre à leur marotte,
Par leurs abſurdités s'ils diviſent l'Etat,
Par quel bras ſera-t-il punir leur attentat ?
Qui ſeront ſes vengeurs ? Eſt-ce un peuple ſtupide,
Dont leur ordre eſt la loi, leur volonté le guide,
Qui confondant enſemble un Bonze & l'Eternel,
S'il oſoit les toucher, ſe croiroit criminel ?
Auſſi de leurs complots, ſpectateur immobile,
Il faut encor qu'il cache une rage inutile.
Par eux impunément il ſe laiſſe outrager ;
Ou ſi, las de leur joug, il oſe ſe venger,
Auſſi-tôt ſur ſa tête ils lancent l'anathême,
Ils courent à l'encan mettre ſon diadême.
Le voilà par leur voix proſcrit au nom de Dieu;

Son peuple est révolté ; son Royaume est en feu ;
Ses gardes, ses soldats, la Cour qui l'environne,
Femme, enfans, serviteurs, amis, tout l'abandonne ;
Et quand, par l'intérêt à sa perte animés,
Pour ravir ses débris, vingt rivaux sont armés ;
Tandis que l'on s'égorge, errant de ville en ville,
Sans appui, sans espoir, sans Etats, sans asyle,
Poursuivi par l'effroi, sa rage & ses bourreaux,
Il languit dans l'opprobre, & meurt sous leurs couteaux.

Sans doute un peuple instruit pourroit aussi peut-être
Du trône renversé précipiter son maître ;
Mais à cet attentat il faut qu'il soit forcé ;
Qu'en voulant tout oser, son Monarque insensé
L'ait, dans son désespoir, réduit à tout enfreindre,
Qu'il soit bien gouverné, ses Rois n'ont rien à craindre.
Il n'en est pas ainsi chez un peuple ignorant ;
En vain par cent chemins à la gloire courant,
Craint de ses ennemis, chéri de ses provinces ;
Un Souba vers le Gange est l'exemple des Princes :
Que, haï des Faquirs, ils l'osent décrier ;
Qu'un fourbe ambitieux, Brame de son métier ;

Le

Le Védam à la main, crie : „ Ecoutez, mes
Freres ;
„ Ici bas, de Visnou, nous sommes les Vicaires.
„ Qui représente Dieu, doit commander aux
Rois,
„ Toutefois, l'insolent qui vous donne des loix,
„ Sourd aux ordres du Ciel qu'il ose méconnoître,
„ Loin de nous obéir, nous veut parler en
maître.
„ O Crime ! O sacrilege ! il dit ; le scélérat !
„ Qu'un Brame de son or doit secourir l'Etat !
„ Mes Freres, Visnou veut qu'on punisse l'impie ;
„ Vous savez ses forfaits ; que sa mort les expie.
„ Un Monarque est sacré ; mais moins que les
Autels ;
„ Il vaut mieux obéir à Visnou qu'aux mortels ".
A ces mots prononcés d'une voix fanatique,
Soudain vous allez voir un peuple frénétique,
Au meurtre encouragé par des grands factieux,
Lever contre son Prince un bras séditieux,
Et, de l'ambition instrument & victime,
Briguer l'apothéose en commettant le crime.
Moins un peuple est instruit, plus on peut l'égarer ;
Les yeux ceints d'un bandeau qu'il craint de
déchirer.
Pour lui tout Prêtre est Dieu, tout fourbe est un
Prophête.

Contre le meilleur maître, un Moine, une comete,
Un miracle, une éclipse, un sermon va l'armer ;
C'est un volcan toujours tout prêt à s'enflammer.
Rois, vous l'osez braver : mais le feu qu'il récéle,
Pour vous donner la mort n'attend qu'une étincelle.

Ainsi, lorsqu'au mensonge opposant ses écrits,
Le Sage ose attaquer les tyrans des esprits,
Lorsqu'éclairant le peuple, à leur rage il s'expose,
Il rompt l'indigne joug que leur bras vous impose.
D'un Sous-Diacre sur vous il détruit le pouvoir ;
Au sceptre qu'il bravoit il soumet l'encensoir ;
Il arrache, en un mot, des mains de la Sottise,
Ce fer qu'en priant Dieu, contre nous elle aiguise.
Ainsi, loin de vous nuire, il vous venge, il vous sert ;
La raison vous défend ; c'est l'erreur qui vous perd.

Toi qui, dans le Velay (*o*), fis publier au prône
Que tout vrai Philosophe est ennemi du Trône,
Apprends-nous leurs forfaits, dis-nous leurs attentats :

(*o*) Province dont le Puy est la Capitale, Evêché de M. Lefranc de Pompignan.

De quel Roi leur avis troubla-t-il les Etats ?
Quel bras contre leur maître ont armé leurs querelles ?
Quel Souverain tomba sous leurs mains criminelles ?
Viens, parle. Qui d'entr'eux, apprentif assassin,
De Valois, dans Saint Cloud, courut percer le sein ?
Dans quel livre Montaigne, enseignant l'homicide,
Jadis exhorta-t il Châtel au paricide ?
Impudent ! qui de Bayle ou bien de Dumarsais (p),
A prescrit de trahir tout Monarque Français,
Qui, ne sachant servir ni Rome, ni la Messe,
Au sortir du salut, n'itoit pas à confesse ?

Grand Dieu ! les Rois aux fers, leurs enfans massacrés,
Leurs palais sous les morts, & la cendre enterrés,
Cent fois du fanatisme ont attesté la rage,
De cent trônes détruits la chûte est son ouvrage;
Du sceptre qui le craint il foule aux pieds les droits;
Il brave tout pouvoir, & c'est lui toutefois,
Lui ! l'effroi des Etats que sa main met en cendre,
Lui ! le bourreau des Rois, qui feint de les défendre,
Qui, cachant le poignard qui va les égorger,

(p) Philosophe François, accusé d'Athéisme, excellent Grammairien.

Encor teint de leur sang, parle de les venger!
Et sur qui? juste Ciel! sur leurs bienfaiteurs même,
Courageux défenseur des droits du diadême,
Voltaire, quoi, c'est toi dont il fait un Clément!
Quoi, sages, c'est sur vous que sa haine prétend
Faire tomber le sang des Rois qu'il assassine!
C'est vous qu'il représente armés pour leur ruine!
Qu'il dépeint acharnés sur tous les Potentats!
Vous! qui les protégez contre ses attentats!
Vous! sans qui, vil jouet de gredins en étole,
Les Souverains encor, cités au Capitole,
Martyrs de leur sottise, un chapelet en main,
Attendroient, pour régner, l'ordre d'un Jacobin,
Sans qui, bientôt, hélas! & barbare & déserte,
L'Europe de bûchers & de ronces couverte,
Verroit ses habitans dévots & malheureux,
Pour des sophismes vains, se déchirant entr'eux,
Ministres hébétés des fureurs de leurs Prêtres,
En invoquant le Ciel, assassiner leurs Maîtres,
Tandis qu'au Vatican insultant la raison,
Tantôt armé du fer, & tantôt du poison,
Benissant, massacrant, pillant au nom de Pierre,
Maître, idole, scandale & fléau de la terre,
Du lit de ses Gitons, un infâme Romain,
Détrôneroit les Rois avec un parchemin!

Philosophie, hélas! à l'imposture en bute,

Malheur à tout Etat où l'on te persécute !
Malheur au peuple aveugle, aux imbécilles Rois
Qui brûlent tes écrits & redoutent ta voix !
Le nôtre la consulte. Auprès du trône admise,
Fais prospérer la France à tes ordres soumise.
Par l'ignorance encor le commerce opprimé
Craignoit d'offrir ses bleds à Paris affamé ;
Des Jurés enchaînoient l'industrie affligée,
Et dans les atteliers sa main découragée,
N'osoit, sans un brévet, sollicité en vain,
Ni saisir un compas, ni s'armer d'un burin ;
Ta sagesse a brisé ces funestes entraves,
Le commerce & les arts ne seront plus esclaves : (q)
Achéve : au préjugé porte les derniers coups ;
En écrasant l'erreur, mérite son courroux.
Vois quelle absurdité régne encor dans la France ;
Il faut que d'HEMERY (r) trompant la vigilance,
Un tremblant Colporteur, Contrebandier d'écrits,
En fraude fasse entrer la raison dans Paris,
Aux enfans de Calvin que la loi déshérite,

(q) Ceci a rapport à la liberté du commerce des bleds, & à la suppression des Jurandes & Maîtrises, par M. Turgot.

(r) Fameux Exempt de Police, chargé de la Librairie qui a obtenu la Croix de Saint Louis, après avoir exercé long-temps son infame métier.

Des honneurs & du Ciel l'entrée est interdite. (s)
Un noble fainéant, fier du nom d'Ecuyer,
Croit devoir à l'Etat bien moins qu'un Roturier. (t)
Soixante Publicains, engraissés de rapine,
De la France aux abois afferment la ruine;
Et d'un autre Sully renversant les projets,
Pensent servir leur Maître en vexant ses sujets.
Aux fers de ces brigands arrache ma patrie, (u)
Que de nos murs enfin chassant la barbarie,
La raison y soit tout, & la coutume rien;
Qu'à ta voix Riballier devienne homme de bien;
Peuple, Grands; que tout pense, & même la
Sorbonne;
Qu'un Chanoine (x) au Jura ne vole plus personne;
Qu'il soit mis à la taille, & qu'on ne dise plus,
Que sous ton régne encore il reste des abus.

(s) Il s'agit ici des Edits absurdes & barbares contre les Protestans.

(t) Ceci a trait aux réclamations du Clergé, & de la Noblesse, contre l'Edit des corvées.

(u) M. Turgot alloit supprimer les 60 Fermiers généraux, au moment où il a été disgracié.

(x) Il faut se ressouvenir ici du procès des Chanoines de Saint-Claude, près le Mont-Jura, prétendant que leurs habitans sont Serfs; sur des titres faux, fabriqués durant les siecles de barbarie.

VERS

A M. de Voltaire, qui avoit envoyé à l'Auteur une montre d'or à répétition, & à quantiéme, ornée de son Portrait, de sa manufacture de Ferney.

Paris le 16 Août 1777.

Je la reçois cette machine,
Où dans trois orbes différens
Une triple aiguille chemine,
Et dans sa course détermine
Les jours, les heures, les instans,
Qui s'échappent à la sourdine.

Jadis, chez nos premiers parens,
Cette œuvre eût passé pour divine;
Le luxe a créé les talens;
Et le plus beau des instrumens
Qui soit de Paris à la Chine,
Me coûte moins de six cens francs.

Mais, hélas! lorsque j'examine,
Le numéro de ces cadrans,
J'en reçois la leçon chagrine

De la perte de mon printemps,
Et je prévois les soins cuisans
Que la vieillesse nous destine.
Vains jouets des amusemens,
Quand le néant nous avoisine!
Les jeux, les plaisirs séduisans,
D'une main légére & badine,
Viennent nous bercer en tous sens,
Et nous tiennent sous leur Courtine,
Endormis sur l'aîle du temps.
Tandis que la faulx assassine,
Cueille la fleur de nos beaux ans,
Et ne nous laisse que l'épine.

Mais dans l'ovale du revers,
Qu'avec plaisir je vois un Sage,
Après trois fois vingt sept hivers,
Reprenant son premier courage,
Cueillir des lauriers toujours verds,
Et dont on verra d'âge en âge,
Le nom, la prose & les beaux vers,
Par une gloire sans nuage,
Durer autant que l'univers.

Ah! que l'aspect de cette image,
A qui tous les cœurs sont ouverts,
M'apprend, en sublime langage

Le prix du temps & son usage ;
Notre folie & nos travers !

Tandis que ce rayon agile,
Autour de son axe emporté ;
Présente une image mobile.
De l'immobile éternité :
Loin du tourbillon enchanté,
Que nous offre un monde frivole ;
Le grand homme vit écarté.
Par ses écrits il nous console,
Des malheurs de l'humanité.
Jadis, quittant le Capitole,
Marc-Aurele l'eût visité :
Apôtre de la vérité :
Chaque minute qui s'envole,
L'éléve à l'immortalité.

Par M. le Marquis de Villette.

RÉPONSE

De M. de Voltaire.

Ferney, le 27 Août 1777.

Mon Dieu que vos rimes en ité ;
M'ont fait passer de doux momens !

Je reconnois les agrémens
Et la légéreté badine,
De tous ces contes amusans,
Qui faisoient les doux passe-temps,
De ma piéce & de ma voisine.

Je suis sorcier, car je devine
Ce que seront les jeunes gens.
Je m'apperçus bien dès ce temps,
Que votre Muse libertine,
Seroit philosophe à trente ans.
Alcibiade en son printemps,
Etoit Socrate à la sourdine.

Plus je relis & j'examine,
Vos vers sensés & très-plaisans,
Plus j'y vois un fonds de doctrine
Tout propre à Messieurs les Savans
Non pas à Messieurs les pédans,
De qui la science chagrine
Est l'éteignoir des sentimens.
Adieu : réunissez long-tems,
La gaieté, la grace si fine
De vos folâtres enjouemens,
Avec ces grands traits de bons sens,
Dont la clarté nous illumine :
Je ne crains point qu'une coquine
Vous fasse oublier les absens.

C'est pourquoi je me détermine
A vous ennuyer de mes ens
Entrelacés de mes ine.

STANCES

Sur l'alliance renouvellée entre la France & les Cantons Helvétiques : jurée dans l'Eglise de Soleure, le 25 Août 1777.

QUELLE est dans ces lieux saints cette solemnité
Des fiers enfans de la victoire ?
Ils marchent aux autels de la fidélité,
De la valeur & de la Gloire.

Tels on vit ces héros, qui, dans les champs d'Ivri,
Contre la Ligue, Rome & l'enfer & sa rage,
Vangeoient la gloire de Henri,
Et l'égaloient dans son courage.

C'est un Dieu bienfaisant, c'est un Ange de paix,
Qui vient renouveller cette auguste alliance :
Je vois des jours nouveaux marqués par des bienfaits,
Par de plus douces mœurs & la même vaillance.

On joint le Caducée au bouclier de Mars
Sous les auspices de Vergenne.
O Monts Helvétiens ! vous êtes les remparts
Des beaux lieux qu'arrose la Seine.

Les meilleurs Citoyens sont les meilleurs guerriers ;
Ainsi Philadelphie étonne l'Angleterre,
Elle unit l'olive aux lauriers,
Et défend son pays en condamnant la guerre.

Si le Ciel la permet, c'est pour la liberté.
Dieu forma l'homme libre alors qu'il le fit naître ;
L'homme émané des Cieux pour l'immortalité,
N'eut que Dieu pour pere & pour maître.

On est libre, en effet, sous d'équitables loix ;
Et la félicité (s'il en est dans ce monde)
Est d'être en sûreté dans une paix profonde,
Avec de tels amis & le meilleur des Rois.

VERS

A M. le Marquis de Villette, sur son mariage avec Mlle. de Varicour, au Château de Ferney.

FLEUVE heureux du Léthé, j'allois passer ton onde,
Dont j'ai vu si souvent les bords;
Lassé de ma souffrance, & du jour & du monde,
Je descendois en paix dans l'empire des morts,
Lorsque Tibulle & Délie,
Avec l'Hymen & l'Amour
Ont embelli mon séjour,
Et m'ont fait aimer la vie.
Les glaces de mon cœur ont ressenti leurs feux;
La Parque a renoué ma trame désunie;
Leur bonheur me rend heureux.

Enfin, vous renoncez, mon aimable Tibulle,
A ce fracas de Rome, au luxe, aux vanités,
A tous ces vains plaisirs célébrés par Catulle;
Et vous osez dans ma cellule
Goûter de pures voluptés!
Des petits-maîtres emportés

Gens sans pudeur & sans scrupule ;
Dans leurs indécentes gaietés,
Voudront tourner en ridicule,
La réforme où vous vous jettés.
Sans doute ils vous diront que Vénus la friponne,
La Vénus des soupirs, la Venus d'un moment,
La Vénus qui n'aime personne,
Qui séduit tant de monde, & qui n'a point d'amant,
Vaut mieux que la Vénus & tendre & raisonnable,
Que tout homme de bien doit servir constamment.
Ne croyez pas imprudemment
Cette doctrine abominable.
Aimez toujours Délie ; heureux entre ses bras ;
Osez chanter sur votre lyre
Ses vertus comme ses appas ;
Du véritable amour établissez l'empire,
Les beaux esprits Romains ne le connoissent pas.

ÉPITRE

A Belle & Bonne.

BELLE ET BONNE ; c'est votre nom ;
C'est le nom que vous donne un sage ;
Il peint vos traits, votre raison,
Votre cœur & votre visage.

Vous tenez par un nœud plus saint
A l'Appollon qui vous baptise,
Quand, victime offerte & soumise,
Votre front alloit être ceint
Du triste bandeau d'Héloïse;
Quand la grille du répentir
Alloit vous ravir à ce monde,
Quand vous alliez vous engloutir,
Au fond d'une prison profonde,
C'est lui qui, voyant vos appas,
Votre douceur, votre jeune âge,
Ferma l'abîme sous vos pas;
Et pour vous sauver du naufrage,
C'est lui qui vous tendit les bras.

Den... fit plus encor, peut-être;
Son esprit juste, aimable & doux,
Vous apprit sans peine à connoître,
Le monde & vos devoirs & vous.

Dans cette agréable retraite,
Où vous coulez vos heureux jours,
On voyoit que vous étiez faite
Pour vous conduire dans les Cours,
Pour briller avec modestie,
Sans prétentions, sans détours,
Sans vanité, sans jalousie.

Mais il vaudroit encor bien mieux
Qu'un mortel comme vous sincere,
Charmé de votre caractere,
Tout autant que de vos beaux yeux,
Sût vous chérir & sût vous plaire ;
Et qu'un respectable lien,
Que les Cours ne respectent guère,
Fît votre bonheur & le sien.

Par M. le Marquis de VILLETTE.

LETTRE

Écrite à M. de Saint-Marc, par M. de Voltaire, le lendemain du couronnement de son buste sur le Théâtre de la Comédie.

MONSIEUR,

J'AI appris que c'est vous qui daignâtes hier vous amuser à me donner l'immortalité dans les plus jolis vers du monde. Ils ont appaisé les souffrances que la suite de ma maladie me fait encore éprouver. Si je ne suis pas tout-à-fait en état de vous répondre dans le langage charmant

mant dont vous faites un si bel usage. Je vous supplie du moins d'agréer ma vive reconnoissance, & le respect avec lequel j'ai l'honneur d'être, &c.

VERS

Envoyés, quelques jours après, à M. de Saint-Marc, par M. de Voltaire.

Vous daignez couronner aux jeux de Melpomene,
D'un vieillard affoibli les efforts impuissans;
Ces lauriers dont vos mains couvroient mes cheveux blancs,
Etoient nés dans votre domaine.
On sait que de son bien tout mortel est jaloux;
Chacun garde pour soi ce que le Ciel lui donne;
Le Parnasse n'a vu que vous
Qui sût partager sa couronne.

VERS

De M. de Voltaire à Madame Hebert, qui lui avoit envoyé deux remédes; l'un, contre l'hémorragie; l'autre, contre une fluxion sur les yeux.

JE perdois tout mon sang, vous l'avez conservé;
Mes yeux étoient éteins, & je vous dois la vue.
Si vous m'avez deux fois sauvé,
Grace ne vous soit point rendue.
Vous en faites autant pour la foule inconnue
De cent mortels infortunés.
Vos soins sont votre récompense.
Doit-on de la reconnoissance,
Pour les plaisirs que vous prenez?

VERS

De M. de Voltaire, à M. le Prince de Ligne, au sujet du faux bruit de sa mort, annoncée dans la Gazette de Bruxelles.

PRINCE dont le charmant esprit,
Avec tant de grace m'attire,
Si j'étois mort, comme on l'a dit,
N'auriez-vous pas eu le crédit
De m'attacher du sombre empire?
Car je sais très-bien qu'il suffit
De quelques sons de votre lyre;
C'est ainsi qu'Orphée en usoit,
Dans l'antiquité révérée,
Et c'est une chose avérée,
Que plus d'un mort ressuscitoit;
Croyez que dans votre Gazette,
Lorsqu'on parloit de mon trépas,
Ce n'étoit pas chose indiscrette;
Ces Messieurs ne se trompoient pas:
En effet, qu'est-ce que la vie?
C'est un jour; tel est son destin:

Qu'importe qu'elle soit finie
Vers le soir ou vers le matin.

ADIEUX du Vieillard. [*]

ADIEU, mon cher Tybulle, autrefois si volage,
Mais toujours chéri d'Apollon,
Au Parnasse fêté comme aux bords du Lignon,
Et dont l'Amour a fait un Sage.
Des champs Élysiens, adieu pompeux rivage;
De palais, de jardins, de prodiges bordé,
Qu'ont encore embelli, pour l'honneur de notre âge,
Les enfans d'Henri quatre, & ceux du Grand Condé.
Combien vous m'enchantiez, Muses, Graces nouvelles,
Dont les talens & les écrits
Seroient de tous nos beaux esprits,
Ou la censure ou les modéles!
Que Paris est changé! les Welches n'y sont plus.
Je n'entends plus siffler les ténébreux reptiles,

(a) M. de Voltaire, prêt de retourner à Ferney, a fait ces vers d'adieux à Paris.

Les Tartuffes affreux, les insolens Zoïles;
J'ai passé; de la terre ils étoient disparus.
Mes yeux, après trente ans, n'ont vu qu'un peuple aimable,
Instruit, mais indulgent; doux, vif & sociable;
Il est né pour aimer. L'élite des François
Est l'exemple du monde, & vaut tous les Anglois.
De la société, les douceurs désirées,
Dans vingt Etats puissans sont encore ignorées;
On les goûte à Paris. C'est le premier des arts.
Peuple heureux, il nâquit, il regne en vos remparts.
Je m'arrache en pleurant à son charmant empire;
Je retourne à ces monts qui menacent les Cieux,
A ces antres glacés où la nature expire;
Je vous regretterois à la table des Dieux.

RÉPONSE

Aux adieux de M. de Voltaire.

QUAND la Ville & la Cour vous portent leur hommage;
Et qu'un peuple enchanté vous reçoit dans ses bras;

Quand vous rencontrez sur vos pas,
Le respect & l'amour peints sur chaque visage;
Quand vous voyez les pleurs échappés de nos yeux,
Répandus à votre passage,
Vous voulez nous quitter : & vous fuyez ces lieux,
Où l'on adore votre image?
Ce François autrefois si léger, si volage,
Cesse de l'être en vous aimant.

. . . .

. . . .

. . . .

Couronné soixante ans des mains de Melpomène,
Par vos chef-d'œuvres sur la scène,

. . . .

De tous côtés la gloire vous assiége.
Mais l'amitié pour vous n'a-t-elle point d'attraits?
Maître de tous les cœurs, ah! restez à jamais
Au milieu d'un si beau cortége!

. . . .

. . . .

Soyez témoins de vos succès,
Et jouissez de vos conquêtes.

Par M. le Marquis de VILLETTE.

Au commencement du mois de Juin 1749, le Roi de Prusse avoit invité M. de Voltaire à venir auprès de lui, & pour dissiper les inquiétudes qu'il témoignoit sur la rigueur du climat de Berlin, ce Prince lui envoya des attestations sur la beauté de la saison dans ce pays-là, signés du Marquis d'Argens, d'Algaroti & de quelques autres gens de Lettres qu'il avoit à sa Cour. M. d'A., alors Sécrétaire de Sa Majesté Prussienne, fut chargé d'en faire une en vers. La voici.

Je, qui suis né sur les bords de la Seine ;
Mais qui depuis dix ans habite ces climats,
Où l'on croit que l'hyver & ses affreux frimats
Accablent en tout temps de froidure & de peine,
A tout chacun atteste & certifie,
 Que depuis environ deux mois ;
Il fait dans ce pays des chaleurs d'Italie ;
 Que l'on y mange, fraises, pois,
Abricots & melons, aussi bons qu'en Turquie ;

Qu'on y jouit aussi de la tranquillité
Qui rend le travail agréable,
Et qu'on peut avec liberté,
Travailler dans son lit, & ne point boire à table,
En foi de quoi, j'ai signé le présent,
Dans le palais d'un Monarque adorable,
Qui fait des vers en s'amusant,
Qui souffre la goutte en riant;
Et pour ses ennemis seulement redoutable,
A Sans-Souci, séjour charmant,
Avec ses amis doux, affable,
Ne se montre le plus puissant,
Qu'en se montrant le plus aimable.

M. de Voltaire fit la Réponse suivante.

O gens profonds & délicats,
Lumieres de l'Académie,
Chacun prend de vos almanachs.
Vous donnez des certificats
Sur le beau temps & sur la pluie;
Mais il me faut un autre soin,
Et ma figure auroit besoin
D'un bon certificat de vie.
Chez vous tout brille, tout fleurit;

Tout vous y plaît; je dois le croire;
Je me doute bien qu'on chérit
Les climats dont on fait la gloire.
Vous, & Frédéric votre appui,
Que j'appelle toujours grand homme,
Quand je ne parle pas à lui,
Ce Roi, ce Trajan d'aujourd'hui,
Plus gai que le Trajan de Rome;
Ce Roi dont je fus tant épris,
Et vous, très-graves personnages,
Qui passez pour ses favoris,
Et pour heureux autant que Sages;
Vous, dis-je, & Frédéric le grand,
Vous, vos talens & son génie,
Vous feriez un pays charmant,
Des glaces de la Laponie.
Vous auriez beau certifier
Qu'on voit mûrir dans vos contrées,
De Bacchus les grappes dorées,
Tout aussi bien que les lauriers;
De ma part je vous certifie
Que le devoir & l'amitié,
Qui, depuis vingt ans, m'ont lié,
Me retiennent près d'Emilie.

Vous m'avouerez, mon cher Monsieur, que si vous avez eu quelques beaux jours au commencement de Mai, vous avez payé depuis un peu cher cette faveur passagere. Mes plus beaux jours seront en automne. Je viendrai dans votre charmante Cour, si je suis en vie ; c'est un tour de force dans l'état où je suis ; mais que ne fait-on pas pour voir Frédéric-le-Grand, & les hommes qu'il rassemble autour de lui!...

IMPROMPTU.

Madame P***, badinant avec M. de Voltaire, lui disoit des choses agréables, & entr'autres combien elle s'intéressoit à sa santé, lui ajoutant impérieusement qu'il falloit qu'il se conservât. Le Poëte octogénaire lui répondit sur le champ avec une ingénueuse vivacité :

Vous voulez arrêter mon ame fugitive ;
Ah! Madame, je le crois bien ;
De tout ce qu'on possède on ne veut perdre rien.
On veut que son Esclave vive.

FIN.

TABLE DES MATIERES.

Fin de la Table.

www.ingramcontent.com/pod-product-compliance
Lightning Source LLC
LaVergne TN
LVHW020427230826
846091LV00004B/1420

9782019709556